Radeln im Welterbe

Hartmut Schönhöfer

traum touren

Die 16 Radtouren entführen in eine der ältesten Kulturlandschaften Europas, das von der UNESCO zum Welterbe erklärte Obere Mittelrheintal und in den Rheingau. Zwischen Koblenz und dem Ballungsgebiet Mainz-Wiesbaden erschließen die Rundtouren neben dem faszinierenden Rheintal mit den Ausläufern von Hunsrück, Westerwald, Hintertaunus und dem Naturpark Soonwald-Nahe sowie den Flusstälern von Mosel, Lahn und Aar ganz unterschiedliche Naturräume. Mit dem Pedelec bzw. E-Bike wird die Region zum Radelparadies für Alle.

Für jeden Anspruch ist etwas dabei, von der gemütlichen Feierabendrunde, über die ambitionierte Tagestour bis zum Wochenendausflug, ob alleine, zu zweit oder mit der Familie. Dabei verknüpft jede Route die schönsten Natur-, Kultur- und Genusserlebnisse und enthält Tipps für besondere Aussichten, Abstecher und Einkehrmöglichkeiten in der Veranstaltungsregion der Bundesgartenschau 2029.

ideemedia

Inhalt

 Familien-Tour  Optional als 2-Tages-Tour

Übersichtskarte

Neuwied
Montabaur
Limburg a der Lahn
Koblenz
Bad Ems
Diez
Lahnstein
Boppard
Emmelshausen
Sankt Goar
Kastellaun
Bacharach
Eltvill
Simmern
Ingelheim
Bingen
1
2
3
4
5
6
7
8
9
10
11
12
13
14
15

Wiesbaden
Mainz
16

Oberes Mittelrheintal

Tour 1	Mittelrhein-Mosel-Runde
Tour 2	Mittelrhein-Westerwald-Lahn
Tour 3	Welterbetour 1
Tour 4	Panoramatour Bopparder Hamm
Tour 5	Loreley-Aar-Lahn-Rheinradweg
Tour 6	Mittelrhein-Hunsrück-Tour 1
Tour 7	Loreley-Loop
Tour 8	Mittelrhein-Hunsrück-Tour 2
Tour 9	Flaschenhals-Runde
Tour 10	Welterbetour 2
Tour 11	Mittelrhein-Soonwald-Runde
Tour 12	Bingen-Loop

Rheingau

Tour 13	Rüdesheim-Schleife
Tour 14	Leinpfad-Runde
Tour 15	Rheingau Eroica
Tour 16	Radachter Wiesbaden

Fahr mal hin ...
Neue Entdeckungen mit E-Bike und Bike
Traumtouren E-Bike & Bike

Bergisches Land Ruhr Sauerland
15 Sonntagsausflüge
Sieg Westerwald Lahn
15 Sonntagsausflüge
Rheinland SÜD
Rhein Mosel Eifel
15 Sonntagsausflüge
traum touren
E-BIKE & BIKE
Mittelrheintal | Rheingau
Pfalz - WEST
Eifel | Mosel | Saar
Westerwald
Hunsrück Nahe Rheinhessen
15 Sonntagsausflüge
traum touren
E-BIKE & BIKE BAND 5
ideemedia

Einige Touren bieten, neben dem im Höhenprofil dargestellten Verlauf, nicht minder schöne kürzere Streckenvarianten. Die Tourenauswahl reicht von „ganz einfach“ bis „richtig sportlich“ und von der Feierabendrunde über die Tagestour bis zum Wochenendausflug.

Die Zeitangaben basieren, unabhängig von der Topografie, auf einer Durchschnittsgeschwindigkeit von 12 km/h. Für Pausen und Besichtigungen sollte man zusätzlich genug Zeit einplanen! Einige Routenabschnitte führen über Feld- und Waldwege. Bei Nässe und während der Holz- und Obsternte kann es dort matschig sein.

Um die Orientierung zu erleichtern, folgen die Strecken möglichst einem (Themen)Radweg oder wechseln von Radweg zu Radweg. Bei einigen Touren lassen sich jedoch nicht beschilderte Passagen nicht vermeiden. Es empfiehlt sich auf allen Touren der Gebrauch eines Bike-Navis oder Smartphones mit einer geeigneten Navigations-App.

Die Tracks wurden mit einem Garmin GPSmap 65s aufgezeichnet und mit BaseCamp bearbeitet. Der QR-Code auf jeder Tour-Tipps-Seite zeigt beim Scannen mit dem Smartphone den Startpunkt der Tour in Google-Maps an. Über die Routenfunktion kann man sich dann einfach zum Startpunkt navigieren lassen. Weitere Informationen zum Thema GPS finden Sie ab Seite 178 und auf **www.wander-touren.com**

Die Tour-Tipps wurden sorgfältig recherchiert und überprüft, unterliegen jedoch einem ständigen Wandel. Zur Sicherheit: Bitte bei der Adresse vorab anrufen und online nachschauen!

Viel Spaß und Genuss beim Radeln im Oberen Mittelrheintal und Rheingau!

Tipp GPS-Daten

Mit den TourCodes am Ende jeden Kapitels können die Routen als GPX-Track geladen werden. Die Tracks enthalten neben der Route auch die meisten Infos aus den Tour-Tipps. In kostenlosen Programmen (wie BaseCamp) können die Infos reduziert und die Wegstrecken individuell bearbeitet werden. Ausführliche Anleitung siehe Seite 178 ff. und www.wander-touren.com

Zeichen im Buch

1 Radler – ganz einfach

2 Radler – relativ leicht

3 Radler – mittelschwer

4 Radler – anspruchsvoll

5 Radler – richtig sportlich

Zeit für die Tour (bei ø 12 km/h)

Höhenmeter (auf/ab)

Radweg

Variante

Seilbahn

Parkplatz

Bahnhof

Fähre

Anfahrt

Start/Ziel

Tourist-Information

Einkehren

Übernachten

Fahrradhändler/-werkstatt

Badesee/Schwimmbad/Thermalbad

Burg/Schloss

Besondere Sehenswürdigkeit

P1 Besonderer Streckenpunkt

Telefonnummer

Internet-Adresse

QR-Code = Startpunkt anzeigen

MARBACH

Mittelrheintal

Das UNESCO Welterbe Oberes Mittelrheintal erstreckt sich von Koblenz bis Bingen und Rüdesheim auf 67 Flusskilometern und gilt als der schönste Abschnitt des gesamten Rheins. Die faszinierende Kultur- und Naturlandschaft wird vom Rhein, von Schlössern, Burgen und Ruinen, dem Weinbau sowie vielen romantischen kleinen Städten geprägt. Zu beiden Ufern des Rheins findet in diesem Abschnitt die Bundesgartenschau 2029 statt. Unsere Touren führen streckenweise zu vielen der geplanten Highlights.

01 Mittelrhein-Mosel-Runde

Die Runde führt von Rhens am Rhein über die Hunsrückhochfläche ins Moseltal. Dort geht es von Kobern-Gondorf entspannt auf dem Mosel-Radweg zum Deutschen Eck in Koblenz. Nach ausgiebigem Sightseeing folgt man dem Rheinradweg zurück nach Rhens.

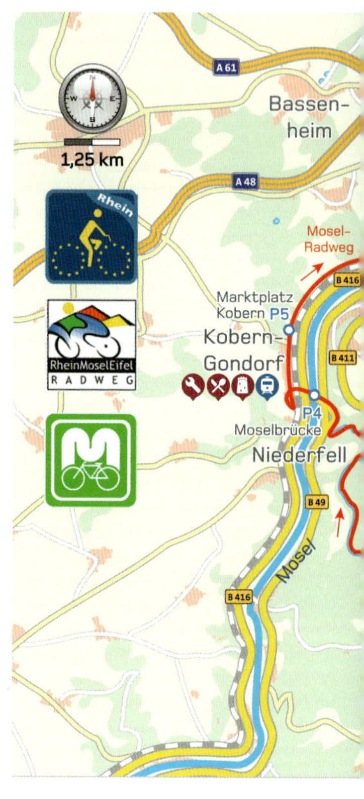

Start/Ziel: Bahnhof Rhens, Am Bahnhof 4, 56321 Rhens,

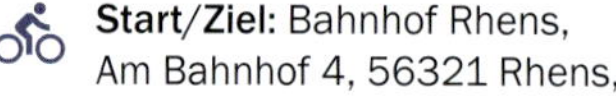

N 50° 16' 54.0'' E 7° 37' 11.8''

Anfahrt: B 9 am Rhein entlang bis Rhens, am südlichen Stadtrand im Kreisverkehr in Mainzer Straße ausfahren, dann dritte Straße rechts in Bahnhofstraße abbiegen

Parkplatz: Südlich des Bahnhofs in der Straße „Am Rhein“

Zug: MittelrheinBahn RB 26 Köln Messe/Deutz und Köln Hbf - Mainz Hbf bis Bahnhof Rhens

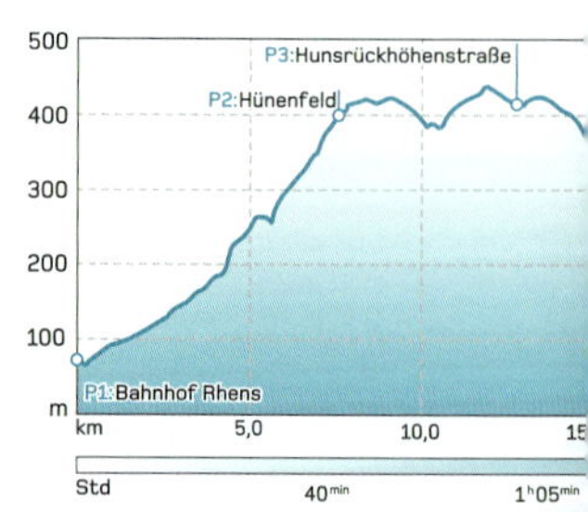

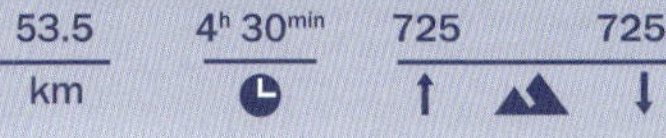

A 48
Deutsches Eck
B9
P8
Ehrenbreitstein
Kurt-Schumacher-Brücke P7
Koblenz
B 49
B 49
Pfaffen-
dorf
B 49
A 61
Güls
B 416
Ober-
werth
B 42
Bad Ems
Mosel
Rhein
B 327
Horchheim
Lahn
Winningen
P9 Ehemalige
Koblenzer
Brauerei
Rhein-
radweg
Lay
B 327
B 260
P6
Bf. Winningen
B9
Kühkopf
B 49
Schloss P10
Stolzenfels
Lahnstein
B 42
Waldesch
A 61
B 327
Rhens
P1 Bahnhof Rhens
Rhein-
Mosel-Eifel-
Radweg
Braubach
P2 Hünenfeld
Brey
B9
Spay
Rhein
B 42
B9
Filsen
Osterspai
P3 Hunsrück-
höhenstraße
Pfaffenheck
Boppard

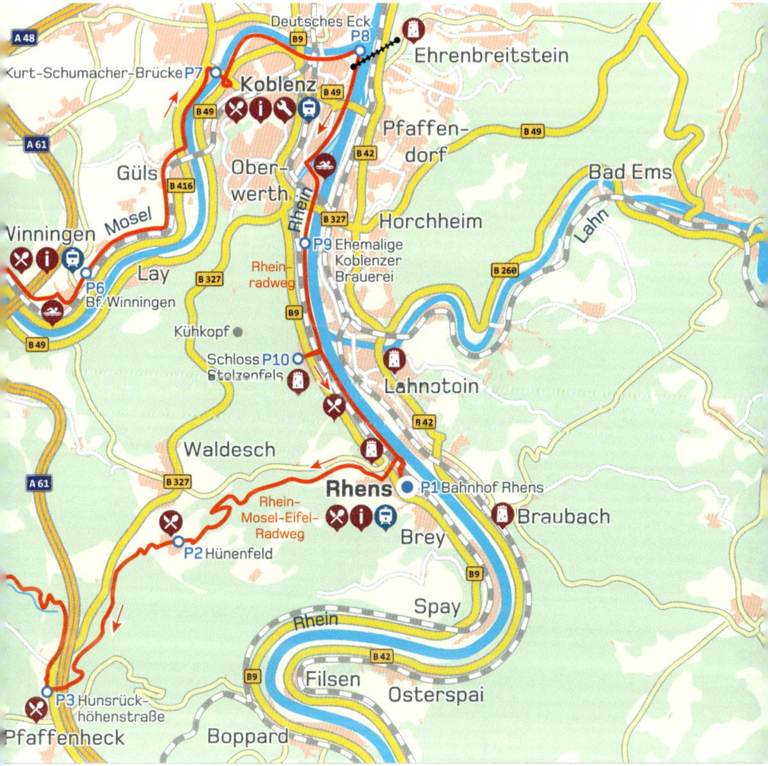

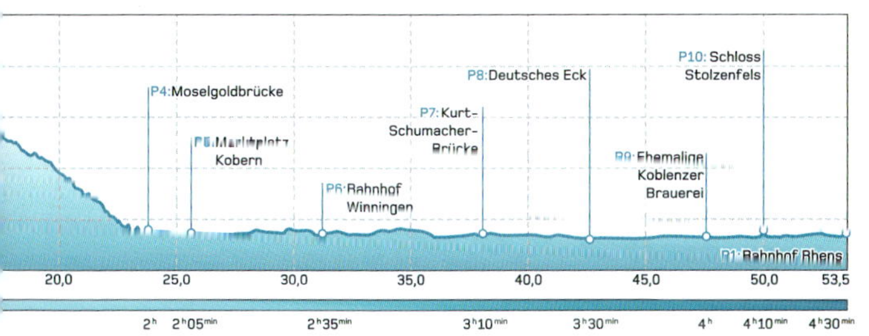

Rund ums Eck

Wir starten in der 3000 Einwohner Stadt Rhens am Rheinkilometer 582. Die Strecke ist zwar größtenteils als Radweg ausgeschildert, dennoch ist ein Bike-Navi oder Smartphone in Verbindung mit unseren GPS-Daten zur Orientierung hilfreich. Vom **Bahnhof Rhens (P 1)** (der Zugang zu Zügen in Richtung Koblenz führt über Treppen und ist nicht barrierefrei) rollen wir an einem ehemaligen Zollturm vorbei zur Rheinpromenade. Ein paar Meter stromabwärts beginnt der Rhein-Mosel-Eifel-Radweg, dem wir vorbei am Marktplatz mit seinen bunten Fachwerkhäusern durch den historischen Ortskern folgen. Ein besonderes Schmuckstück ist das reich verzierte Alte Rathaus.

P1
Start

Rhens ist von einer fast vollständig erhaltenen Stadtmauer umgeben. Wir verlassen das Städtchen durch das Viehtor, fahren unter der B 9 hindurch und biegen ins Mühlental ab. Zu Beginn ist der Radweg asphaltiert, geht dann aber in einen Schotterweg über. Vor uns liegt ein, in Wald eingebettetes, Wiesental mit mehreren Mühlenanwesen. Auf den Weideflachen grasen Pferde, Ziegen und Kühe. Was für eine ländliche Idylle! Schließlich verengt sich das Tal und wir gewinnen auf dem teils steilen Waldweg rasch an Höhe. Bei Nässe kann der Weg matschig sein.

Für den happigen Anstieg werden wir am Ortsrand von **Hünenfeld (P 2)** mit einem tollen Blick über Löwenzahnwiesen hinweg zum markanten Fernmeldeturm Kühkopf belohnt. Wer durstig ist, kann in der Hauptstraße einen Abstecher zu Rosi's Wanderstube unternehmen. In Hünenfeld verlassen wir den Rhein-Mosel-Eifel-Radweg, der nach Waldesch abbiegt. Wir fahren geradeaus durch Hünenfeld und genießen von der Hochfläche den Rundumblick mit den Westerwald- und Eifelausläufern am Horizont.

P2
7.5 km
40min

Im Mühlental

Verschnaufpause

P3
12.7 km
1h 05min

Nach einem Viehgatter führt die Route teils parallel zur B 327 durch ein Waldgebiet. Nachdem wir die A 61 auf einer schmalen Brücke überquert haben, erreichen wir den Ortsrand von Pfaffenheck. Wir überqueren vorsichtig die **Hunsrückhöhenstraße (P 3)** und haben beim Imbiss „Der Hunsrücker" die Gelegenheit, uns zu stärken. Der Radweg verläuft zunächst parallel zur Hunsrückhöhenstraße und der A 61, zweigt dann aber in das herrliche Aspeler Bachtal ab. Die Abfahrt auf dem asphaltierten, autofreien Sträßchen in das 300 Meter tiefer gelegene Moseltal ist traumhaft und ein Höhepunkt der Tour.

P4
23.5 km
2h

Nach zwei Mühlenanwesen erreichen wir schließlich die Mosel. Das Landschaftsbild hat sich völlig verändert. Auf das Rheintal, die raue Hunsrückhochfläche und das eng eingeschnittene, bewaldete Bachtal folgt nun das liebliche Moseltal. Mit Blick auf die Weinberge steuern wir auf die **Moselgoldbrücke (P 4)** zu, die Niederfell und Kobern-Gondorf miteinander verbindet. Von der Brücke haben wir das Postkartenmotiv von Kobern-Gondorf mit Matthiaskapelle, Ober- und Niederburg sowie den steilen Weinbergterrassen vor Augen. Ein toller Anblick!

P5
25.4 km
2h 05min

Nach der Brückenabfahrt wechseln wir auf den Mosel-Radweg und durchqueren den Doppelort Kobern-Gondorf. Am **Marktplatz von Kobern (P 5)** lockt die Gastronomie zum Einkehrschwung. Wer genug Zeit und Kondition bzw. Akkureserven besitzt, kann einen Abstecher (nicht im Track aufgenommen) vorbei an der Alten Mühle Höreth hinauf zur Matthiaskapelle und der Ruine Oberburg unternehmen. Nach Kobern-Gondorf führt der Mosel-Radweg am Fuß der Weinbergterrassen entlang. Die Steilheit ist beeindruckend und die Arbeit der Winzer wirkt in Steilhängen wie dem Winninger Uhlen halsbrecherisch. Der Winninger Uhlen gehört zu den spektakulärsten, terrassierten Weinbergen der gesamten Mosel.

Hochebene bei Hünenfeld

Abfahrt im Aspeler Bachtal

Vor uns überspannt die mächtige Autobahnbrücke der A 61 das Tal. Es folgt das pittoreske Weindorf Winningen, dem man ansieht, dass es mehrfach bei dem Wettbewerb „Unser Dorf hat Zukunft“ als Gewinner ausgezeichnet wurde. Mit seinen Winzerhöfen, Vinotheken und Straußwirtschaften ist Winningen prädestiniert für eine Verpflegungspause. Der Riesling schmeckt vorzüglich, wir müssen jedoch noch ein paar Kilometer radeln. Zur Not kann man aber vom **Bahnhof Winningen (P 6)** mit dem Zug nach Rhens fahren.

P6
31.2 km
2h 35min

Gut gestärkt radeln wir zunächst an steilen Weinberghängen entlang, ehe sich das Moseltal weitet und es städtischer zugeht. Wir kommen durch den Koblenzer Vorort Güls und steuern entlang der Mosel auf die Kurt-Schumacher-Brücke zu. Ehe wir den Fluss überqueren, lohnt sich im Sommer ein Abstecher zum „Stattstrand“ (nicht im Track aufgenommen). Für Urlaubsfeeling sorgen der breite Moselstausee, feinster Quarzsand, Palmen, Cocktails, Liegestühle und XXL-Liegen. Natürlich sind auch sportliche Aktivitäten wie Stand-Up-Paddling möglich.

P7
38.1 km
3h 10min

Nachdem wir die **Kurt-Schumacher-Brücke (P 7)** überquert haben, rollen wir am rechten Moselufer an der Staustufe Koblenz vorbei in Richtung Deutsches Eck. Am Peter-Altmeier-Ufer bietet sich ein Abstecher in die Altstadt von Koblenz (nicht im Track aufgenommen) an. Beim Altstadtbummel sollte man den Schängelbrunnen nicht verpassen. Alle paar Minuten spuckt der Schängel, ein Lausbub, einen Wasserstrahl aus. Trotz der Tatsache, dass Koblenz eine Großstadt mit rund 115.000 Einwohnern ist, verläuft die Fahrt durch das Zentrum entlang des Mosel- und Rheinufers erfreulich entspannt.

Koblenz gehört zu den ältesten Städten Deutschlands und ist stolz auf seine römische Vergangenheit. Das Wahrzeichen der

Marktplatz Kobern-Gondorf

Burgpanorama Kobern-Gondorf

Stadt ist jedoch das **Deutsche Eck (P 8)** am Zusammenfluss von Rhein und Mosel. Der Vereinigung der beiden Ströme verdankt die Stadt auch ihren Namen. Aus Castellum apud Confluentes (das Kastell bei den Zusammenfließenden) wurde Koblenz. Das Deutsche Eck ziert das monumentale Reiterstandbild Kaiser Wilhelms I. Es wurde 1897 zu Ehren der Einigung des Deutschen Reiches erbaut. Seit 1993 befindet sich eine Nachbildung auf dem Sockel, nachdem das Denkmal im 2. Weltkrieg zerstört wurde. Trotz des Trubels bieten sich das Deutsche Eck und die Rheinpromenade für eine Erfrischungspause an.

Ein besonderes Highlight ist die zur Buga 2011 gebaute Seilbahn, die über den Rhein hinweg die Rheinpromenade mit dem Plateau der Festung Ehrenbreitstein verbindet. Auf dem Rheinradweg geht es vorbei am Kurfürstlichen Schloss und unter der Pfaffendorfer Brücke hindurch, ehe das „Weindorf Koblenz“ zur Einkehr lockt. Wegen des Neubaus der Pfaffendorfer Brücke (voraussichtlich bis 2028) sind Umleitungen möglich. Es folgt die Kaiserin-Augusta-Anlage mit der Marmorstatue der Kaiserin, die von 1850 bis 1858 im Kurfürstlichen Schloss lebte. Während des Augusta-Festes flanieren Damen und Herren in historischen Gewändern auf dem prächtigen Uferboulevard.

Wir radeln entlang eines Altrheinarms weiter und passieren den Stadtteil Oberwerth. Der „aktuelle“ Rheinradweg führt am Stadion der TuS Koblenz vorbei. Ich finde jedoch den „alten“ Streckenverlauf entlang des Rheins schöner. Es folgt ein nicht asphaltierter Streckenabschnitt am Rheinufer zur **ehemaligen Koblenzer Brauerei (P 9)**. Wie das Gelände künftig genutzt wird, bleibt abzuwarten. Auf der gegenüberliegenden Rheinseite blicken wir auf das beeindruckende Backsteingebäude der Löhnberger Mühle. Rund um das Industriedenkmal ist ein großes Wohnbauprojekt geplant.

P10
50.0 km
4h10min

Anschließend bestimmt das in seiner hellen Farbe weithin sichtbare **Schloss Stolzenfels (P 10)**, der Inbegriff der preußischen Rheinromantik, den Blick. In Stolzenfels lohnt sich der Abstecher durch den herrlich angelegten Landschaftspark hin-

Moseltal mit A 61 Brücke

Rast im Weindorf Winningen

Durchs Glas gesehen

Am Moselufer in Koblenz

Burg Stolzenfels

Blick zur Marksburg

auf zum Schloss. Die Fahrräder müssen wir am Fuß des Hangs abstellen. Die Stadt Koblenz schenkte 1823 die Ruine der Burg Stolzenfels dem preußischen Kronprinzen und späteren König Friedrich Wilhelm IV. Dieser ließ Schloss Stolzenfels von seinem Hofarchitekten Karl Friedrich Schinkel als Sommerresidenz neu errichten. Das Schloss wurde 1842 mit einem Kostümball feierlich eingeweiht. Die Schlossführung vermittelt eindrucksvoll die Verbindung von Schloss, Landschaftspark und dem im Tal dahinziehenden Rhein zum romantischen Gesamtkunstwerk.

Nach Stolzenfels verläuft der Rheinradweg teils direkt am Fluss und teils in zweiter Uferreihe. Dabei wird man auf einer Kopfsteinpflasterpassage ziemlich durchgerüttelt, ehe wir den Rhenser Mineralbrunnen passieren. In der Kleingartenkolonie am Ortsrand von Rhens kann man zum Königsstuhl abbiegen (nicht im Track aufgenommen), der an der B 9 liegt. Im Mittelalter wurde in Rhens Geschichte geschrieben, als die Kurfürsten hier den deutschen König wählten. Mit dem beeindruckenden Blick auf die Marksburg und die drei Schlote der Blei- und Silberhütte Braubach verlassen wir die Rhenser Uferpromenade und kehren zum Ausgangspunkt am **Bahnhof Rhens (P 1/Ziel)** zurück.

Fazit

Eine spektakuläre Tour, die Flussradfahren an Rhein und Mosel miteinander verbindet. Für den besonderen Pfiff sorgen die Fahrt über die Hunsrückhochfläche, das Aspeler Bachtal, liebliche Weindörfer, viel Rheinromantik und Koblenz mit seinen Sehenswürdigkeiten.

TourTipps

- Tourist-Info Rhens, Am Viehtor 2, 56321 Rhens, 02607/49510, www.erlebnis-rheinbogen.de
- Tourist-Info Kobelnz, im Forum Confluentes, Zentralplatz 1, 56089 Koblenz, 0261/129-1620, www.visit-koblenz.de

- Rosi's Wanderstube, Siedlung Hünenfeld 8, 56323 Waldesch, 02628/2587 und 01515/5546146
- P5 Winzerhaus am Brunnen, Marktplatz 13-15, 56330 Kobern-Gondorf, 02607/9733505, www.winzerhaus-am-brunnen.de
- Gutsschänke Schaaf, Fährstaße 6, 56333 Winningen, 02606/597
- Klein's Fronhof, Fronstraße 2, 56333 Winningen, 02606/435, www.kleins-fronhof.eatbu
- P7 Stattstrand, Universitätsstraße, 56070 Koblenz, www.statt-strand-koblenz.de
- P8 Königsbacher Biergarten am Deutschen Eck, Esther-Bejarano-Straße 2, 56068 Koblenz, 0261/9142323, www.koenigsbacher-biergarten.de
- Pegelhaus, Konrad Adenauer-Ufer 1, 56068 Koblenz, 0261/91489644, www.pegelhaus-koblenz.de
- Weindorf Koblenz, Julius-Wegeler-Straße 2, 56068 Koblenz, 0261/133719-0, www.weindorf-koblenz.de
- Hotel „Zur Kripp", Brunnenstraße 23-25, 56075 Koblenz-Stolzenfels, 0261/2919775, www.hotellerie-zur-kripp.de
- Gastronomie Rhens siehe Tour 4

- Der kleine Fahrradladen, Fährstraße 3, 56330 Kobern-Gondorf, 0172/6536076,
- Canyon Bicycles, Karl-Tesche-Straße 12, 56073 Koblenz, 0261/94903000, www.canyon.com
- Radsport Regenhardt, Markenbildchenweg 28, 56068 Koblenz, 0261/33667, www.radsport-regenhardt.de
- Fahrrad XXL Franz, Löhrstraße 5-15, 56068 Koblenz, 0261/915050, www.fahrrad-xxl.de

- Freibad Winningen, Inselweg, 56333 Winningen, 02606/670, www.winningen.de
- Freibad Oberwerth, Haydnstraße 2, 56075 Koblenz, 0261/97335088, www.koblenz.de

Tour Code: **BT9X116** (www.wander-touren.com)

Direkt zum Startpunkt mit scan to go®

02 Mittelrhein-Westerwald-Lahn

Die Route beginnt in Niederlahnstein und führt auf dem Rheinradweg nach Koblenz, wo die Seilbahn eine spektakuläre Streckenalternative bietet. Über die Ausläufer des Westerwalds hinweg geht es nach Bad Ems, ehe wir dem Lahnradweg zurück nach Niederlahnstein folgen.

Start/Ziel: Bf. Niederlahnstein, Koblenzer Straße 1, 56112 Lahnstein

N 50° 19' 01.0" E 7° 36' 00.5"

Anfahrt: B 42 am Rhein entlang bis Niederlahnstein/KO-Horchheim/Kaserne, im Kreisverkehr Kölner Straße in südlicher Richtung folgen, im nächsten Kreisverkehr erste Ausfahrt in die Bahnhofstraße/Koblenzer Straße

Parkplatz: Parkplatz neben dem Bahnhof in der Koblenzer Straße

Zug: Rheingaulinie RB 10 Neuwied - Frankfurt/M. Hbf, Lahn-Eifel-Bahn RB 23 Mayen - Limburg/Lahn und RE 25 Koblenz Hbf - Gießen bis Bahnhof Niederlahnstein

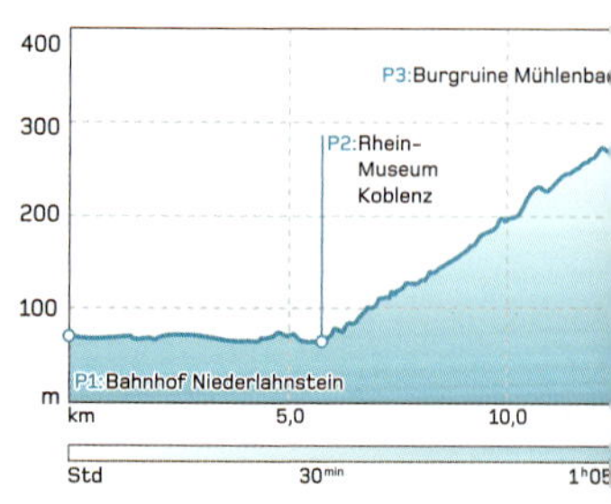

Variante Seilbahn:

44.8 km 3h 45min 570 ↑ ↓ 690

42.1 km	$3^h 30^{min}$	595 ↑	595 ↓	Anspruch

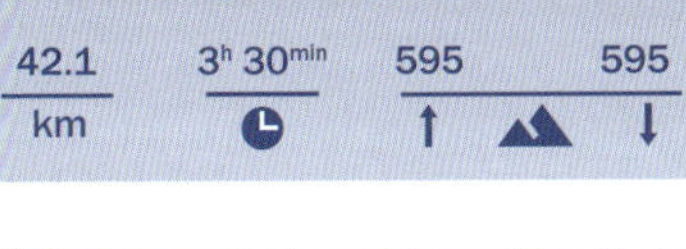

Vallendar
Simmern
Neuhäusel
Rhein
B 42
Urbar
B 49
Arzbach
Eitelborn
P5 Altes Bierhaus
Ehrenbreit-stein
Limes P4
Stefans-turm
Deutsches Eck
Arenberg
P2 Rhein-Museum Koblenz
Burgruine Mühlenbach
P3
Westerwald-Lahn-Radweg
Arzheim
B 261
B 42
B 49
Pfaffendorf
Fachbach
Rhein-radweg
Standort-übungsplatz Schmidtenhöhe
Insel P8 Oberau
Bad Ems
B 260
Therme P6 Bad Ems
B 327
P7 Tourist-Info Bad Ems
Horchheim
Miellen
B 260
Bahnhof P1 Nieder-lahnstein
Lahn-radweg
B 260
Lahn
Frücht
Friedrichssegen
P9 Schleuse Ahl
Lahnstein
B9
B 42

P4:Limes
P7:Tourist-Info Bad Ems
P5:Altes Bierhaus
P6:Therme Bad Ems
P6:Therme Bad Ems
P8:Insel Oberau
P9:Schleuse Ahl
P1:Bahnhof Niederlahnstein
15,0
20,0
25,0
30,0
35,0
40,0
42,1
1h25min
1h45min
2h10min
2h20min
2h30min
2h45min
3h05min
3h30min

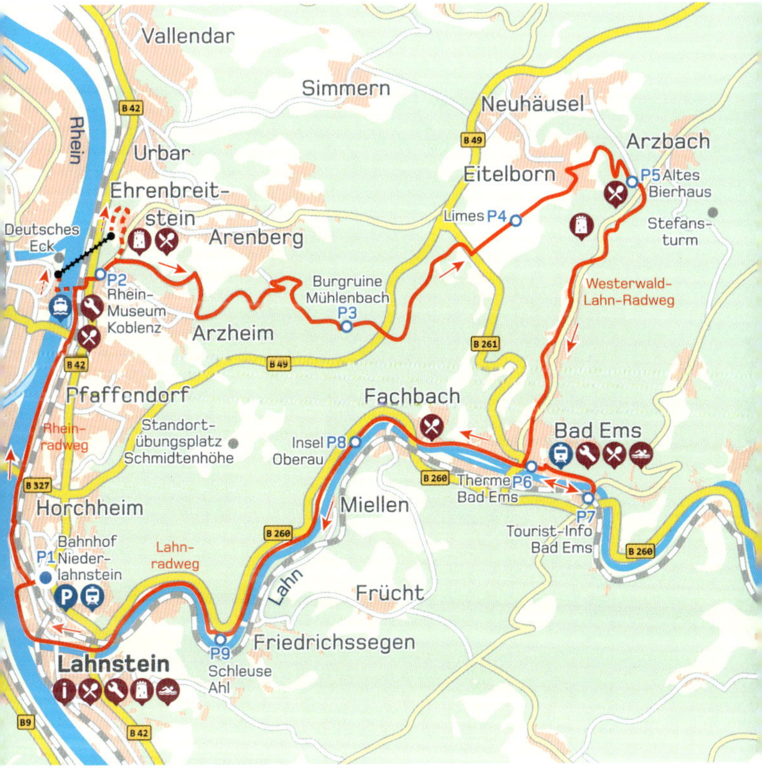

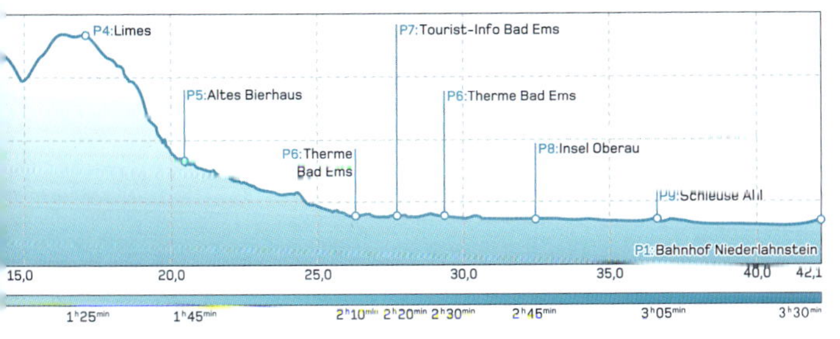

Lust auf Lahn

Nach dem Start am **Bahnhof Niederlahnstein (P 1)** folgen wir dem Rheinradweg in Richtung Löhnberger Mühle. Auf dem sieben Hektar großen Gelände rund um das beeindruckende Industriedenkmal ist ein gigantisches Bauprojekt namens „Rhein Lahn Living" geplant. Eventuell ändert sich während der Bauarbeiten oder nach Fertigstellung die Wegführung? Anschließend verläuft der Radweg, teils sehr schmal, direkt am Rhein entlang. Auf dem Leinpfad, von dem aus früher Schiffe gezogen wurden, passieren wir die Koblenzer Stadtteile Horchheim und Pfaffendorf.

P1
Start

Wegen des Neubaus der Pfaffendorfer Brücke (Dauer voraussichtlich bis 2028) verlassen wir vor der Brücke das Rheinufer. Während der Bauphase sind Umleitungen möglich. Im Stadtteil Ehrenbreitstein kehren wir beim Yachthafen, der Rhein-Marina Kaiser Wilhelm, ans Rheinufer zurück. Wir kommen an Diehls Hotel vorbei und haben am Anleger der Fähre Koblenz-Ehrenbreitstein die Wahl zwischen der „Normalroute" und der Seilbahnvariante.

Die „Normalroute" führt vom Fähranleger durch den Stadtteil Ehrenbreitstein, wo wir vom **Rhein-Museum Koblenz (P 2)** einen herrlichen Blick auf die Festung Ehrenbreitstein haben. Im Rhein-Museum werden die verschiedensten Aspekte des Lebens am Rhein wie Fischfang, Schifffahrt oder Rheinromantik dargestellt. Der Besuch lohnt sich! Vor uns liegt ein längerer Anstieg, der am Fuß der Festung Ehrenbreitstein und dem Festungsaufzug vorbeiführt, ehe wir in das Mühlental abbiegen.

P2
5.9 km
30 min

Auf dem Rheinradweg

Variante Seilbahn

Die Fahrt mit Fähre und Seilbahn (Motto: „Nur fliegen ist schöner“) bietet einen besonderen Kick. Wir setzen zunächst mit der Fähre Schängel über (Fährbetrieb von Ostern bis 30.10., alternativ kann man über die Pfaffendorfer Brücke fahren), statten dem Deutschen Eck einen Besuch ab und schweben anschließend mit der Seilbahn zum Plateau neben der Festung Ehrenbreitstein.

Die Besichtigung (Kombiticket) der zweitgrößten erhaltenen Festung Europas ist ein weiteres Highlight. Der Ursprung der Festungsanlage reicht ins Jahr 1000 zurück. Die heutige Gestalt geht auf die Jahre 1817 bis 1828 zurück. Ehrenbreitstein ist damit die einzige noch erhaltene preußische Festung aus dem frühen 19. Jhd. Für die Besichtigung sollte man mindestens eine Stunde einplanen.

Neben dem Landesmuseum Koblenz mit seinen Ausstellungen befindet sich auch die Jugendherberge Koblenz auf Ehrenbreitstein. Nach einem Schlenker zur Aussichtsplattform mit spektakulärem Blick auf Koblenz und das Deutsche Eck, geht es durch den Stadtteil Neudorf sehr steil hinab zum Abzweig ins Mühlental.

Wenige Meter entlang des Mühlenbachs reichen aus, um der Hektik und dem Lärm der Großstadt zu entkommen. Das Tal ist ein Naturidyll mit Weinbergen, Wiesen, Weiden und Wäldern. Der untere Taleinschnitt ist von Weinbau geprägt. Talaufwärts strampeln wir von Mühle zu Mühle und kommen am ehemaligen Bergwerk Grube Mühlenbach vorbei, wo bis zur Stilllegung im Jahr 1960 Blei, Silber und Zink gefördert wurde.

Ehrenbreitstein von unten

Burgruine Mühlenbach

Seilbahn Koblenz

„Nur fliegen ist schöner“

Beim Mühlenbacherhof überrascht uns ein einsamer Turm auf einer Weide. Es handelt sich um den erhaltenen Hauptturm der **Burgruine Mühlenbach (P 3)**, die 1692 im Pfälzischen Erbfolgekrieg zerstört wurde. Nach einem weiteren Anstieg folgt mit einer breiten Panzerplattenstraße, der Zufahrt zum ehemaligen Panzerübungsplatz auf der Schmidtenhöhe, die nächste Überraschung. Ein Teil der Fläche dient als Weidelandschaft und bietet vielen geschützten Pflanzen und Tieren einen idealen Lebensraum. Die übrige Fläche beansprucht die Bundeswehr und es gelten Betretungsverbote.

P3
13.9 km
1h 05min

Auf der Panzerstraße gelangen wir zur vielbefahrenen B 261, der wir knapp 300 Meter in Richtung des Golfplatzes Denzerheide folgen. Der Straßenabschnitt lässt sich leider nicht vermeiden. Weiter geht es auf dem Erlenweg zu einer Stele, die auf den Verlauf des **Limes (P 4)** hinweist. Der 2005 zum UNESCO-Welterbe ernannte Grenzwall beginnt in Rheinbrohl und verläuft über 550 km bis Regensburg an der Donau. Vor 2000 Jahren bildete er die Grenze des römischen Reiches zum freien Germanien. Mit dem Limes haben wir den höchsten Punkt der Strecke erreicht und befinden uns nun im Westerwaldkreis.

Beim Mühlenbacherhof

Blick zum Stefansturm

Vom Radweg bietet sich ein herrlicher Panoramablick über die Hochfläche. Aus dem Waldmeer sticht als Landmarke der Stefansturm hervor. In Eitelborn treffen wir auf den Westerwald-Lahn-Radweg, dem wir auf der steilen Serpentinenabfahrt ins Emsbachtal zum **Altes Bierhaus (P 5)** folgen, wo bis zu Beginn des 1. Weltkriegs Bier gebraut wurde. Vom Tal aus betrachtet, ist die Aussicht auf den Stefansturm noch faszinierender.

P5
20.5 km
1h 45min

Mal rechts, mal links des Emsbachs zieht sich der Radweg durch das Tal. Einen Höhepunkt bildet der Blick auf die von Wäldern umgebene Ruine Sporkenburg, ehe es städtischer zugeht und wir nach Bad Ems gelangen. Bei der **Therme Bad Ems (P 6)** erreichen wir das Lahnufer und folgen dem Lahnradweg lahnaufwärts entlang des Kurparks. Wir passieren die älteste Spielbank Deutschlands und staunen über die Vielzahl repräsentativer Bauten wie das Häcker's Grand Hotel, einst das private Badeschlösschen der Fürstin von Nassau-Oranien. Bad Ems ist auf beiden Uferseiten von steilen Berghängen eingerahmt und erlebte seine Blütezeit im 19. Jhd.

P6
26.3 km
2h 10min

Das Kaiserbad war damals Treffpunkt und Sommerresidenz des europäischen Hochadels sowie vieler Künstler und Schriftsteller. Doch die mondäne Welt des 19. Jhd. ist Vergangenheit. Der Erhalt der historischen Gebäude und die Positionierung als zeitgemäße Kur-, Heil- und Bäderstadt ist eine gewaltige Herausforderung. Hoffentlich hilft dabei, dass Bad Ems zu den elf Great Spa Towns of Europe zählt, die 2021 von der UNESCO zum Welterbe ernannt wurden. Die **Tourist-Info Bad Ems (P 7)** am Bahnhofsplatz bildet den Wendepunkt unserer Rundfahrt durch die Kurstadt.

P7
27.8 km
2h 20min

Auf dem Rückweg können wir in der Brunnenhalle drei Thermalquellen, darunter das Emser Kränchen, probieren und blicken vom Kurpark zur russisch-orthodoxen Kirche mit ihren fünf Zwiebeltürmen. Wer will, kann mit der Kurwaldbahn, einer der steilsten Standseilbahnen der Welt, die Bismarckhöhe erklimmen und den grandiosen Blick von oben auf Bad Ems und das Lahntal genießen. Wir sollten uns in einem der Cafés oder Restaurants eine Pause gönnen, bevor wir an der **Therme Bad Ems (P 6)** die Fahrt auf dem Lahnradweg fortsetzen.

P6
29.3 km
2h 30min

Häcker's Grand Hotel

Auf dem Lahnradweg

Von Schleuse zu Schleuse

Lahn-Romantik

Vor uns liegt ein traumhafter Streckenabschnitt entlang der Lahn. Schöner kann ein Flussradweg kaum sein. Wir rollen auf ebener Strecke entspannt dahin und können uns an der herrlichen Landschaft erfreuen.

Burg Lahneck

P8
32.5 km
2h 45min

Die Route führt an der **Insel Oberau (P 8)** mit dem Industriedenkmal Nieverner Hütte, einer ehemaligen Eisenhütte, vorbei. Nach langem Dornröschenschlaf haben sich auf der Insel mehrere Firmen, darunter eine Radspannerei und ein Kanuverleih, angesiedelt.

P9
36.7 km
3h 05min

Auf der Hangkante des Lahntals lugen vor uns die Hochhäuser des Stadtteils Lahnstein auf der Höhe heraus, ehe wir auf unserem Weg zur Lahnmündung mit einem Links-Rechts-Schwenk beim Campingplatz Runkel die **Schleuse Ahl (P 9)** passieren. Beim Wirtshaus an der Lahn treffen wir auf den Rheinradweg und können vom herrlich gelegenen Biergarten des Gasthauses den Blick auf Burg Lahneck auskosten. Nach den landschaftlichen und kulturellen Höhepunkten bietet der Tourenausklang kulinarische Genüsse.

P1/Ziel
42.1 km
3h 30min

Ob im Wirtshaus an der Lahn, dem „My My Lahnstein“, den Rheinterrassen oder auf der anderen Lahnseite im Bootshaus Lahnstein, es sind allesamt vortreffliche Restaurants, wo wir bei Speis und Trank die Tour in Ruhe Revue passieren lassen können. Zum Abschluss folgen wir der Lahn auf ihren letzten Metern zum Rhein. Von der anderen Rheinseite grüßt das prächtige Schloss Stolzenfels. Der Rheinradweg schwenkt nach den Rheinterrassen rechts ab und führt entlang der Goethestraße zurück zum Ausgangspunkt, dem **Bahnhof Niederlahnstein (P 1/Ziel)**.

Fazit

Eine Tour der Extraklasse! Die Route verbindet Flussradfahren an Rhein und Lahn, einen Abstecher durch die Ausläufer des Westerwalds, sowie die Städte Koblenz und Bad Ems. Die Seilbahnvariante spart einen Anstieg und bietet zusätzlich einen besonderen Erlebnisfaktor.

TourTipps

- Tourist-Info Kobelnz, im Forum Confluentes, Zentralplatz 1, 56089 Koblenz, ✆ 0261/129-1620, ⓘ www.visit-koblenz.de
- Tourist-Info Bad Ems, Römerstraße 11, 56130 Bad Ems, ✆ 02603/94150, ⓘ www.badems-nassau.info

- Cuvée Diehls Lounge, Rheinsteigufer 1, 56077 Koblenz, ✆ 0261/9707-0, ⓘ www.diehls-hotel.de
- P2 Café am Kapuzinerplatz, Humboldtstraße 133, 56077 Koblenz, ✆ 0176/29364790
- Weingut Weinhaus Wagner, Mühlental 23, 56077 Koblenz, ✆ 0261/73614, ⓘ www.wein-wagner.de
- P5 Altes Bierhaus, Am Bierhaus 10, 56337 Arzbach, ✆ 02603/93920, ⓘ www.altesbierhaus.com
- Beatles-Museum & Café Yellow Submarine, Römerstraße 19, 56130 Bad Ems, ✆ 02603/7009898, ⓘ www.beatles-museum-bad-ems.de
- Rita's Arkade Café-Bar, Römerstraße 3, 56130 Bad Ems, 02603/930582
- Camping Beachclub Fachbach an der Lahn, Furtweg 14, 56133 Fachbach, ✆ 02603/9369390, ⓘ www.camping-beachclub.de
- P8 Wirtshaus an der Lahn, Lahnstraße 8, 56112 Lahnstein, ✆ 02621/6279670, ⓘ www.wirtshaus-an-der-lahn.info
- My My Lahnstein, Johannesstraße 19, 56112 Lahnstein, ✆ 02621/8417, ⓘ www.mymy-lahnstein.com
- Rheinterrasse Lahnstein, Blücherstraße 20, 56112 Lahnstein, ✆ 02621/6289882, ⓘ www.rheinterrasselahnstein.de

- 2RAD Mitschke, Hofstraße 277, 56077 Koblenz-Ehrenbreitstein, ✆ 0261/73330, ⓘ www.zweirad-mitschke.de
- Summit Bikes, Bahnhofsplatz 3, 56130 Bad Ems, ✆ 02663/6013012, ⓘ www.summit-bikes.com
- Laufrad, Bahnhofstraße 27, 56112 Lahnstein, ✆ 02621/62197, ⓘ www.laufrad.com

- Emser Therme, Viktoriaallee 25, 56130 Bad Ems, ✆ 02603/9790-0, ⓘ www.emser-therme.de
- Freibad Lahnstein, Am Burgweg 27, 56112 Lahnstein, ✆ 02621/2500, ⓘ www.lahnstein.de

Tour Code: **BT9X215** (www.wander-touren.com)

Direkt zum Startpunkt mit scan to go®

03 Welterbetour 1

Im Welterbe Oberes Mittelrheintal lernen wir einen der schönsten Abschnitte des Rheinradwegs kennen. Von Boppard fahren wir rechtsrheinisch nach Koblenz und auf der linken Rheinseite zurück. Eine Alternative bietet die Kurzstrecke, zudem können wir auf Schiff oder Bahn umsteigen.

Start/Ziel: Boppard Hbf, Heerstraße 193, 56154 Boppard,

N 50° 13' 54.5'' E 7° 35' 09.8''

Anfahrt: B 9 am Rhein entlang bis Boppard, in Boppard am südlichen Stadtrand Ausfahrt P2/P4/Fähre in die Mainzer Straße folgen, rechts in Kaiser-Friedrich-Straße abbiegen und links auf Parkplatz P2

Parkplatz: P2 Ecke Kaiser-Friedrich-Straße/Rheinallee

Zug: RE 2 Koblenz Hbf - Frankfurt Hbf, RE 17 Koblenz Hbf - Kaiserslautern Hbf, MittelrheinBahn RB 26 Köln Messe/Deutz und Köln Hbf - Mainz Hbf und Hunsrückbahn RB 37 Emmelshausen - Boppard bis Bahnhof Boppard

Variante kurz:

40.6 km 3h 25min 230 ↑ ↓ 230

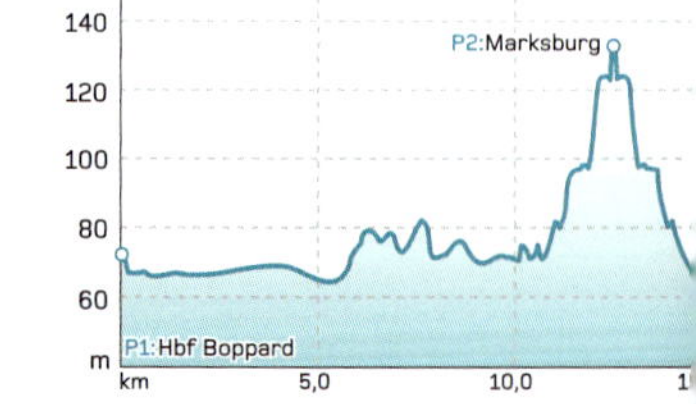

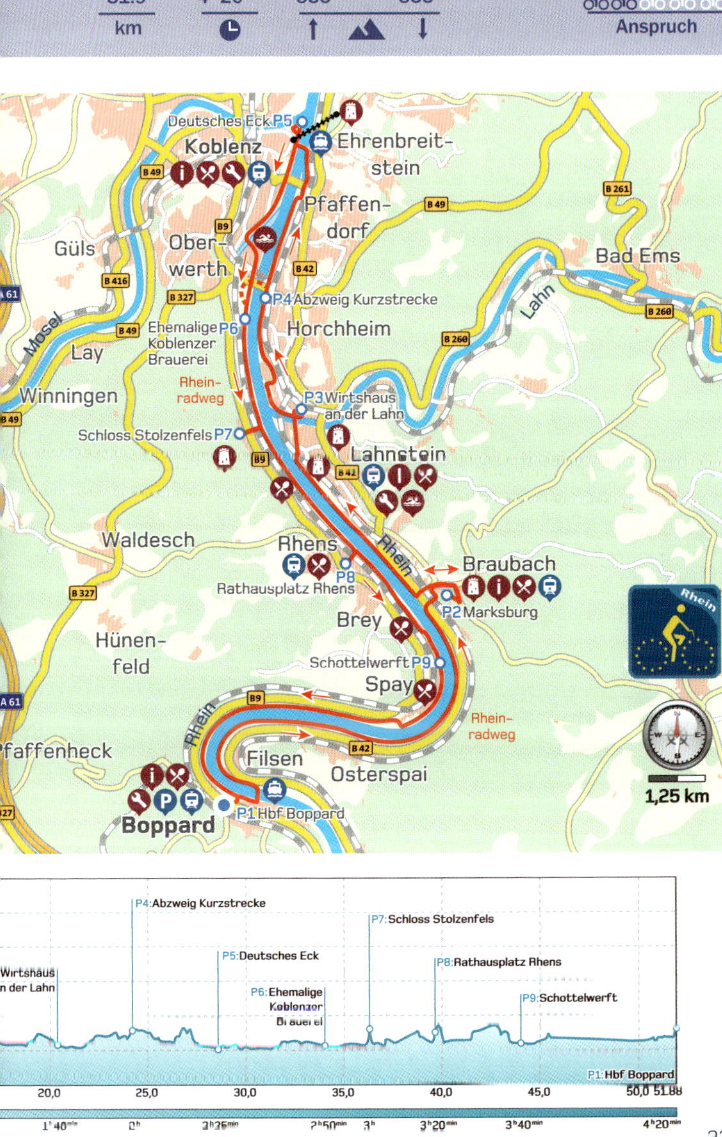

51.9
km
4h 20min
355
355
Anspruch
Deutsches Eck P5
Koblenz
Ehrenbreit-stein
Pfaffen-dorf
Güls
Ober-werth
Bad Ems
Lahn
P4 Abzweig Kurzstrecke
Mosel
Lay
Ehemalige P6 Koblenzer Brauerei
Horchheim
Winningen
Rhein-radweg
P3 Wirtshaus an der Lahn
Schloss Stolzenfels P7
Lahnstein
Waldesch
Rhens
Rhein
Braubach
P8
Rathausplatz Rhens
P2 Marksburg
Brey
Hünen-feld
Schottelwerft P9
Spay
Rhein-radweg
Pfaffenheck
Filsen
Osterspai
P1 Hbf Boppard
Boppard
1,25 km
B 49
B 9
B 42
B 416
B 327
B 261
B 260
A 61
Wirtshaus an der Lahn
P4: Abzweig Kurzstrecke
P5: Deutsches Eck
P6: Ehemalige Koblenzer Brauerei
P7: Schloss Stolzenfels
P8: Rathausplatz Rhens
P9: Schottelwerft
P1: Hbf Boppard
20,0
25,0
30,0
35,0
40,0
45,0
50,0 51.88
4h 20min

Schau mal Rhein

Unsere Rheinfahrt beginnt am **Hauptbahnhof Boppard (P 1)**. Von dort sind es nur ein paar Meter zur Rheinpromenade, wo wir auf den Rheinradweg treffen. Entlang der Uferfront gelangen wir zur Kurfürstlichen Burg und zu dem Fähranleger. Das „Nizza am Rhein“, wie Boppard auch genannt wird, verdankt seinen Namen dem sonnenverwöhnten Klima und den Belle Époque Hotels mit ihren eleganten Rheinterrassen. Von der Fähre aus kommt die prächtige Häuserfront Boppards vor dem mächtigen Hang der Rheinebene besonders gut zur Geltung.

P1
Start

Auf der rechten Rheinseite verläuft der Radweg am Rheinufer entlang der B 42. Es geht durch Filsen und Osterspai, ehe wir uns der hoch über Braubach auf einem Felskegel thronenden Marksburg nähern. Egal wie oft man den Anblick genossen hat, die Sicht auf die Marksburg ist immer wieder großartig. Am Ortseingang von Braubach verlassen wir den Rheinradweg und überqueren vor Schloss Philippsburg die B 42. Das Renaissanceschloss wurde 1571 fertiggestellt. Adelige wollten damals lieber komfortabel im Tal als in einer engen Höhenburg leben. Das Schlösschen und der Renaissancegarten sind bezaubernd, die Atmosphäre fast mediterran, lediglich die Fahrt durch den gepflasterten Hof ist etwas holprig.

In Braubach scheint die Zeit stehengeblieben. Die vielen Fachwerkhäuser und die verwinkelte Altstadt bilden eine perfekte Mittelalterkulisse. Braubach ist einen Abstecher wert, ob mit oder ohne Besuch der Marksburg. Die einzig unzerstörte Höhenburg am Mittelrhein ist für viele Inbegriff einer Mittelalterburg und der Anziehungspunkt des Ortes. Mit dem Pedelec/E-Bike lässt sich die steile Rampe zur **Marksburg (P 2)** ganz gut bewältigen. Die Burgführung vermittelt beim Gang durch Rittersaal, Rüstkammer, Burgküche, Turmstube und

P2
12.5 km
1h 05min

Fähre Boppard-Filsen

Kapelle einen guten Einblick vom mittelalterlichen Burgleben. Auf der Terrasse im äußeren Burghof können wir uns vor der Weiterfahrt stärken.

Zurück auf dem Rheinradweg folgt Lahnstein. Die Stadt zählt zu den vier zentralen Standorten der BUGA 2029. Unter dem Arbeitstitel „Hafen des Wissens“ wird das komplette Lahnsteiner Rheinufer zusammen mit dem Hafengelände neugestaltet. Für Radfahrer ist eine neue Fahrradbrücke über die Lahnmündung geplant. Am Ortseingang passieren wir das beeindruckende Schloss Martinsburg. Die Streckenführung durch Oberlahnstein ist derzeit nicht sonderlich attraktiv. Da kommt die BUGA gerade recht. Nach der Lahnbrücke haben wir uns im **Wirtshaus an der Lahn (P 3)** eine Pause, mit Blick auf Burg Lahneck, verdient. Der Gasthof mit eigenem Zollturm existiert seit 1697.

P3
20.4 km
1h 40min

Anschließend folgen wir der Lahn auf ihren letzten Metern zum Rhein und können den Blick auf das prächtige Schloss Stolzenfels am gegenüberliegenden Rheinufer genießen. In Niederlahnstein zwingen uns ein Gewerbegebiet und die Löhnberger Mühle zu einem Umweg. Rund um das Industriedenkmal Löhnberger Mühle ist ein riesiges Bauprojekt namens „Rhein Lahn Living“ geplant. Vielleicht ändert sich nach Baubeginn die Wegführung? Danach verläuft der Radweg direkt am Rhein entlang. Wir sehen die Südbrücke und die Horchheimer Eisenbahnbrücke vor uns und haben beim **Abzweig** der **Kurzstrecke (P 4)** die Wahl, ob wir bis ins Zentrum von Koblenz weiterfahren, oder uns die Betriebsamkeit der Großstadt sparen.

Variante
kurz

*Die **Kurzstrecke** führt über die Eisenbahnbrücke auf die andere Rheinseite, wo es vorbei am Stadion der TuS Koblenz auf dem Rheinradweg weitergeht.*

Auf der **Langstrecke** passieren wir den Stadtteil Pfaffendorf. Wegen des Neubaus der Pfaffendorfer Brücke (vermutlich bis 2028) müssen wir das Rheinufer verlassen. Während der Bauphase sind weitere Umleitungen möglich. Im Stadtteil Ehrenbreitstein kehren wir beim Yachthafen, der Rhein-Marina Kaiser

Personenfähre Schängel

Abstecher zur Marksburg

Blick auf Ehrenbreitstein

Am Deutschen Eck in Koblenz

Pause gefällig?

Wilhelm, an den Rhein zurück und erreichen nach Diehls Hotel den Anleger der Fähre Koblenz-Ehrenbreitstein. Die Überfahrt mit der Personenfähre Schängel (Fährbetrieb von Ostern bis 30.10., alternativ kann man über die Pfaffendorfer Brücke fahren) weckt Urlaubsgefühle und ist die schönste Art, die Koblenzer Altstadt zu erreichen.

P5
28.6 km
2h 25min

Das **Deutsche Eck (P 5)**, am Zusammenfluss von Rhein und Mosel, ist nur ein paar Meter vom Fähranleger entfernt. 107 Stufen führen hinauf zum Aussichtsring unterhalb des Reiterstandbildes von Kaiser Wilhelm I. Das monumentale Standbild wurde 1897 zu Ehren der Einigung des Deutschen Reiches erbaut. Nachdem das Denkmal im 2. Weltkrieg zerstört wurde, ziert seit 1993 eine Nachbildung den Sockel. Trotz des Trubels bieten sich das Deutsche Eck und die Rheinpromenade für eine Erfrischungspause an.

Zu den Hauptattraktionen der Stadt zählt die zur BUGA 2011 gebaute Seilbahn. Sie verbindet die Rheinpromenade mit dem Plateau der Festung Ehrenbreitstein auf der anderen Rheinseite. Wer genug Zeit mitbringt, sollte sich die Seilbahnfahrt gönnen und der preußischen Befestigungsanlage aus dem 19. Jhd. einen Besuch abstatten. Auf dem Rheinradweg kommen wir anschließend am Kurfürstlichen Schloss vorbei und

Schloss Stolzenfels

fahren unter der Pfaffendorfer Brücke hindurch. Wegen des Brückenneubaus (Dauer bis 2028) sind Umleitungen möglich.

Auf das „Weindorf Koblenz" folgt die Kaiserin-Augusta-Anlage mit der Marmorstatue der Kaiserin, die von 1850 bis 1858 im Kurfürstlichen Schloss lebte. Weiter geht es entlang eines Altrheinarms, dem sich die Fahrt durch den Stadtteil Oberwerth anschließt. Nach der Pfaffendorfer Eisenbahnbrücke stößt die **Kurzstrecke** zu uns, bevor wir auf einem nicht asphaltierten Streckenabschnitt entlang des Rheinufers die **ehemalige Koblenzer Brauerei (P 6)** erreichen. Wie das Gelände künftig genutzt wird ist noch nicht entschieden. Auf der gegenüberliegenden Rheinseite blicken wir auf das beeindruckende Backsteingebäude der Löhnberger Mühle.

P6
34.0 km
2h 50min

P7
36.3 km
3h

Danach fahren wir auf **Schloss Stolzenfels (P 7)** zu, das in malerischer Lage auf einem Felssporn über dem Rhein thront. Der Abstecher auf dem Serpentinenweg hinauf zum Schloss lohnt sich. Die Fahrräder können wir am Fuß des Hangs abstellen. 1823 schenkte die Stadt Koblenz dem preußischen Kronprinzen und späteren König Friedrich Wilhelm IV die Burgruine Stolzenfels. Dieser ließ Schloss Stolzenfels von seinem Hofarchitekten Karl Friedrich Schinkel als Sommerresidenz neu errichten. Die Schlossführung bieten die Möglichkeit das Innere

Abstecher nach Rhens

des Schlosses sowie Park und Gärten zu besichtigen. Der Blick von der Schlossterrasse sucht seinesgleichen.

Nach Stolzenfels verläuft der Rheinradweg teils direkt am Fluss und teils in zweiter Uferreihe. Dabei werden wir auf einer Kopfsteinpflasterpassage ziemlich durchgerüttelt, ehe wir den Rhenser Mineralbrunnen passieren. In Rhens lohnt sich der Abstecher von der Uferpromenade zum **Rathausplatz (P 8)** mit einladender Gastronomie und vielen herrlichen Fachwerkhäusern. Das eindrucksvollste Gebäude ist das reich verzierte Alte Rathaus. Wer geschichtlich interessiert ist, kann der Ausschilderung zum Königsstuhl an der B 9 folgen. Im Mittelalter wählten die Kurfürsten in Rhens den deutschen König.

P8
39.8 km
3h 20min

Zurück auf der Rheinpromenade bestimmen die auf der anderen Rheinseite gelegene Marksburg und die drei markanten Schornsteine der Blei- und Silberhütte Braubach das Bild. Im Schifferdorf Spay führt der Radweg über das Betriebsgelände der **Schottelwerft (P 9)**, einem Hidden Champion im Bereich Schiffsantriebe und Manövriersysteme. Spay beeindruckt mit einer Vielzahl bunt bemalter und liebevoll verzierter Fachwerkhäuser. Am Rheinufer bieten mehrere Rastplätze die willkommene Gelegenheit zu einer Verschnaufpause mit Blick auf die langsam vorbeituckernden Frachtschiffe.

P9
44.0 km
3h 40min

Nach Spay führt der Rheinradweg an der imposanten Wand des Bopparder Hamms mit seinen Weinbergterrassen entlang. Der Bergrücken erstreckt sich in Südausrichtung und bietet ideale Voraussetzungen zum Weinbau. Der Schieferboden, die Rheinnähe und Steillagen mit bis zu 70 Prozent Hangneigung garantieren die herausragende Qualität der Weine des Bopparder Hamms. Zurück in Boppard laden die Innenhöfe und Terrassen der Cafés, Restaurants und Weinlokale dazu ein, die Tour in aller Ruhe ausklingen zu lassen, bevor wir zum **Hauptbahnhof (P 1/Ziel)** zurückkehren.

P1/Ziel
51.9 km
4h 20min

Fazit

Die Rheinnähe, herrliche Panoramablicke, immens viele Sehenswürdigkeiten, die Großstadt Koblenz und viele verführerische Einkehrgelegenheiten machen die Tour zum besonderen Erlebnis. Die Kurzstrecke ist bestens als Familientour geeignet.

Tour Tipps

- Tourist-Info Boppard, Marktplatz (Altes Rathaus), 56154 Boppard, 06742/3888, www.boppard-tourismus.de
- Tourist-Info Kobelnz, im Forum Confluentes, Zentralplatz 1, 56089 Koblenz, 0261/129-1620, www.visit-koblenz.de

- Winzerkeller Schloss Philippsburg, Schlossstraße 4, 56338 Braubach, 02627/9719785, www.winzerkeller-philippsburg.de
- Zum Goldenen Schlüssel, Marktplatz 14, 56338 Braubach, 02627/340, www.zum-goldenen-schluessel.de
- Zum Weissen Schwanen, Brunnenstraße 4, 56338 Braubach, 02627/9820, www.zum-weissen-schwanen.de
- P2 Marksburg Schänke, Marksburg, 56338 Braubach, 02627/971240, www.marksburg-schaenke.de
- Gastronomie Lahnstein siehe Tour 2
- Cuvée Diehls Lounge, Rheinsteigufer 1, 56077 Koblenz,
  P5 0261/9707-0, www.diehls-hotel.de
- Linksrheinische Gastronomie Koblenz siehe Tour 1
- Gastronomie Rhens und Spay siehe Tour 4
- Das Ebertor mit Brasserie 53 und Biergarten, Heerstraße 172, 56154 Boppard, 06742/8070, www.das-ebertor.de
- Weinhaus Heilig Grab, Zelkesgasse 12, 56154 Boppard, 06742/2371, www.heiliggrab.de
- Römerburg Boppard, Burgplatz 3, 56154 Boppard, 06742/82353, www.roemerburg-boppard.de

- Laufrad, Bahnhofstraße 27, 56112 Lahnstein, 02621/62197, www.laufrad.com
- Radsport Regenhardt, Markenbildchenweg 28, 56068 Koblenz, 0261/33667, www.radsport-regenhardt.de
- Fahrrad XXL Franz, Löhrstraße 5-15, 56068 Koblenz, 0261/915050, www.fahrrad-xxl.de
- Fahrradstudio Lüdicke, Oberstraße 105, 56154 Boppard, 06742/4736

- Freibad Lahnstein, Am Burgweg 27, 56112 Lahnstein, 02621/2500, www.lahnstein.de
- Freibad Oberwerth, Haydnstraße 2, 56075 Koblenz, 0261/97005088, www.koblenz.de

Tour Code: **BT9X314** (www.wander-touren.com)

Direkt zum Startpunkt mit scan to go®

04 Panoramatour Bopparder Hamm

Die Strecke führt von Boppard wahlweise mit Muskelkraft oder der Sesselbahn auf die Rheinhöhe zum Gedeonseck und Vierseenblick. Über den Jakobsberg und den Weiler Schauren geht es hinab ins Rheintal nach Rhens. Als Höhepunkt folgt die Fahrt durch den Bopparder Hamm.

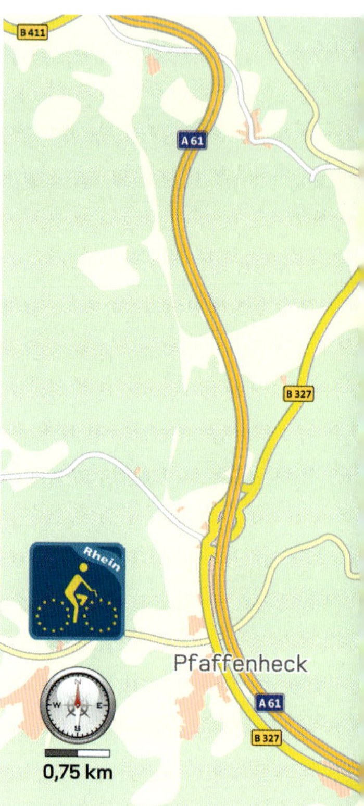

Start/Ziel: Boppard Hbf, Heerstraße 193, 56154 Boppard,

N 50° 13' 54.5'' E 7° 35' 09.8''

Anfahrt: B 9 am Rhein entlang bis Boppard, in Boppard am südlichen Stadtrand Ausfahrt P2/P4/Fähre in die Mainzer Straße folgen, rechts in Kaiser-Friedrich-Straße abbiegen und links auf Parkplatz P2

Parkplatz: P2 Ecke Kaiser-Friedrich-Straße/Rheinallee

Zug: RE 2 Koblenz Hbf - Frankfurt Hbf, RE 17 Koblenz Hbf - Kaiserslautern Hbf, MittelrheinBahn RB 26 Köln Messe/Deutz und Köln Hbf - Mainz Hbf und Hunsrückbahn RB 37 Emmelshausen - Boppard bis Bahnhof Boppard

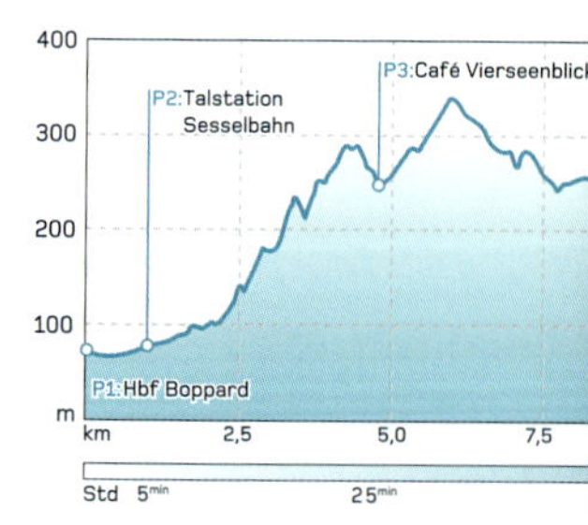

Variante Seilbahn:

28.2 km 2h 20min 525 ↑ ↓ 735

30.6 km | 2h 35min | ↑ 795 ↓ 795 | Anspruch

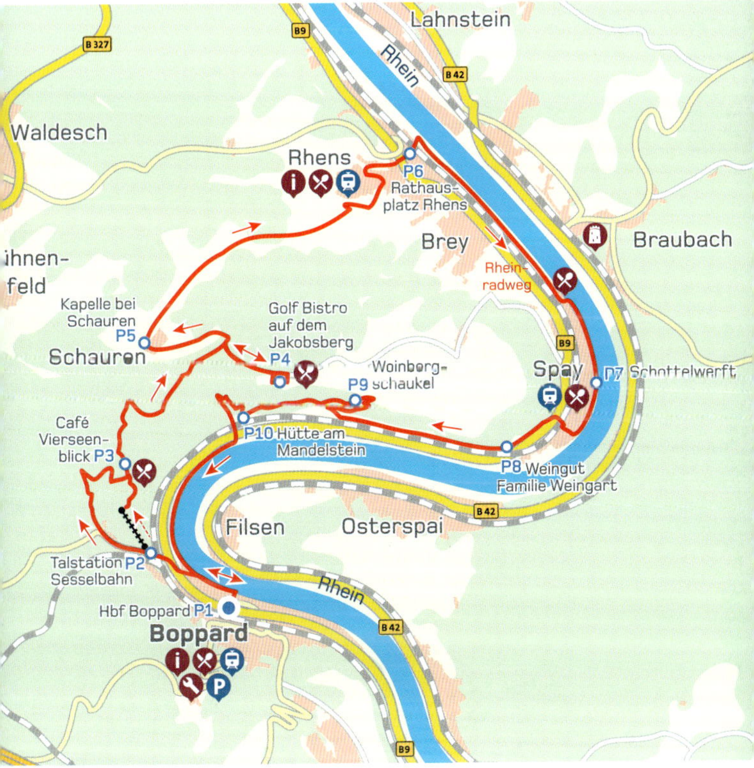

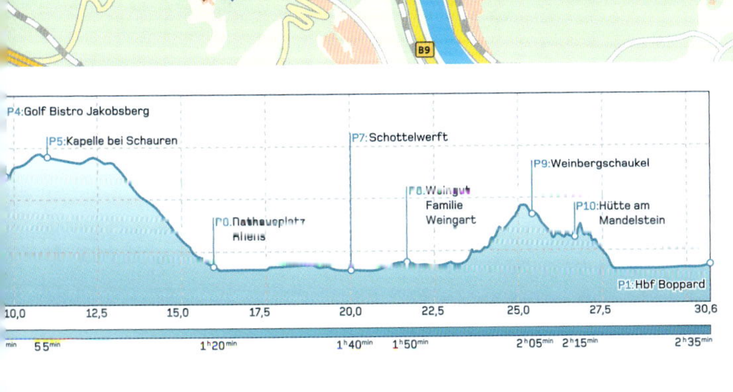

Hammer Momente

P1
Start

Die Panoramatour beginnt am **Hauptbahnhof Boppard (P 1)**. Wegen der vielen Aussichtspunkte und fantastischen Blicke empfiehlt es sich, die Tour an einem sonnigen Tag bei guter Fernsicht zu fahren. Da die Strecke nur teilweise beschilderte Radwege nutzt, ist ein Bike-Navi zur sicheren Orientierung unerlässlich. Vom Hauptbahnhof sind es nur ein paar Meter zum Rheinufer, wo wir auf den Rheinradweg treffen.

P2
1.0 km
5min

Nach 450 Metern entlang der Bopparder Rheinpromenade biegen wir auf den Radweg in Richtung Emmelshausen ab und überqueren die B 9. Durch die Bahnunterführung gelangen wir ins Mühltal und haben an der **Talstation der Sesselbahn (P 2)** die Wahl, ob wir den Anstieg zum Gedeonseck und Vierseenblick im Fahrradsattel bewältigen wollen oder uns bequem mit der Seilbahn (Betrieb täglich von April bis Ende Oktober) nach oben befördern lassen.

Variante
Seilbahn

Die Sesselbahnfahrt ist ein Highlight. Für den Fahrradtransport (auch E-Bikes, vorher den Akku abnehmen) gibt es 10 Fahrradträger. Die Seilbahn überwindet einen Höhenunterschied von 232 Metern. Auf der 20-minütigen Fahrt schweben wir über Weinbergparzellen, Laubwald sowie steile Felsen und können den Blick auf die Rheinschleife bei Boppard auskosten.

Wer es sportlich liebt, erklimmt den Berg mit dem Fahrrad. Im Mühltal zweigt eine schmale, asphaltierte Stichstraße ab, die zu zwei Ausflugslokalen und dem Bikepark Boppard führt. Der Ausstieg der Sesselbahn befindet sich unterhalb des Hirschkopfs, unweit des Restaurants GedeonsEck. Der Blick von der großen Terrasse des Ausflugslokals auf die Bopparder Rheinschleife ist fantastisch. Direkt unterhalb der Restaurant-

Bikepark Boppard

Restaurant GedeonsEck

terrasse befindet sich der Startplatz der Gleitschirmflieger, deren Treiben eine weitere Attraktion darstellt.

P3 4.8 km 25min

In Sachen Einkehr haben wir die Qual der Wahl. Rund 300 Meter vom Restaurant GedeonsEck entfernt liegt das **Café Vierseenblick (P 3)**. Von hier aus betrachtet, erweckt das Rheintal den Eindruck, als bestünde es aus vier separaten Seen. Auf dem Bergplateau befindet sich mit dem Bikepark Boppard, bestehend aus Freeridestrecke und Dirtpark ein weiterer Anziehungspunkt. Es ist äußerst beeindruckend, den Mädels und Jungs bei ihren Tricks, Jumps und Saltos zuzusehen. Großes Kino und für mich ein Wunder, dass nicht öfter etwas passiert.

P4 8.9 km 45min

Nach dem regen Treiben an Gedeonseck und Vierseenblick haben wir den Weg durch den herrlichen Laubwald vorbei an der markanten Engelseiche fast für uns. Nach dem höchsten Punkt der Strecke rollen wir am Bopparder Hochzeitswald vorbei und können auf der bewaldeten Hochfläche einen Abstecher zum Jakobsberg unternehmen. Dort befindet sich mit dem Klostergut Jakobsberg ein luxuriöses Hotel. Die Wiedereröffnung nach dem Umabu ist Ende 2024 geplant. Eine Einkehrgelegenheit gibt es dank des Golf Bistros auf dem **Jakobsberg (P 4)** dennoch. Unterhalb des Jakobsbergs erstreckt sich der berühmte Bopparder Hamm, den wir später mit dem Fahrrad queren.

Zurück im Sattel, passieren wir auf einem Schotterweg den Jugendzeltplatz „Am Pfaffenwäldchen“ und steuern über die freie Hochfläche auf die Siedlung Schauren zu. Die **Kapelle (P 5)** am Rand des Weilers bietet ein ebenso schönes Fotomotiv, wie der Rundumblick über die Hochfläche mit Äckern, Weideflächen, Streuobstwiesen und Fernsichten wie der zum Kühkopf. Wir sind zurück auf Asphalt und passieren auf der Abfahrt nach Rhens zwei weitere Kapellen. Der spektakuläre Blick über die weite Hangfläche hinüber zur Marksburg auf der anderen Rheinseite ist ein besonderer Genuss.

P5
11.0 km
55min

Rhens ist fast vollständig von einer Stadtmauer umgeben. Im historischen Ortskern beeindruckt der **Rathausplatz (P 6)** mit seinen bunten, reich verzierten Fachwerkhäusern. Dank des gastronomischen Angebots bietet sich das Städtchen für eine Verpflegungspause an. Der Rathausplatz ist alljährlich Start und Ziel des Rhenser Rhein Hunsrück MTB Marathon. Ein paar Passagen unserer Route werden auch beim Mountainbikerennen gefahren.

P6
15.9 km
1h 20min

Auf den Hexenturm, einst Zollturm und Gefängnis, folgt ein prima Streckenabschnitt am Rheinufer. Über den Strom hinweg, bieten die Marksburg und die drei markanten Schornsteine der Blei- und Silberhütte Braubach ein spektakuläres Bild.

P7
20.0 km
$1^{h}40^{min}$

Nach einem Abschnitt entlang der Bahntrasse empfängt uns Spay mit seiner barocken Alten Kirche, die nach Errichtung der neuen Pfarrkirche in ein Kulturzentrum umgewandelt wurde. Der Rheinradweg führt über das Betriebsgelände der **Schottelwerft (P 7)**, wo über 100 Jahre lang Schiffsantriebe und Manövriersysteme hergestellt wurden und sich heute die Schottel Academy befindet. An die Tradition des Schifferdorfs erinnern die mit Fahnenmasten geschmückten Häuser. Früher lebten in Spay Fischer, Steuerleute und Lotsen, deren Leben mit dem Rhein verbunden war.

Ein Highlight von Spay sind die vielen bunt bemalten und liebevoll mit Schnitzwerk und Haussprüchen verzierten Fachwerkhäuser mit Türmchen und Spitzen, die meist aus dem 17. und 18. Jhd. stammen. Ob im Rheinhotel Zum Anker oder auf einer Bank am Rheinufer, Spay bietet sich für eine Verschnaufpause an. Weinliebhaber zieht es auf einen Abstecher (nicht im Track aufgenommen) zu dem Weingut Matthias Müller (Mainzer Straße 45). Am Rheinuferplatz verlassen wir den Rheinradweg und biegen in die Rheinstraße ab. Wir überqueren Bahn und Bundesstraße und haben den Fuß des Bopparder Hamms erreicht.

Der Name Hamm ist vom lateinischen hamus (= Haken) abgeleitet und bezieht sich auf den S-förmigen Verlauf der Rheinschleife. Der mächtige Bergrücken liegt in Südausrichtung. Die intensive Sonneneinstrahlung, das besondere Terroir der Schieferböden, die Nähe zum Rhein als Wärmespeicher und Steillagen bis zu 70 Prozent Hangneigung garantieren die herausragende Qualität der Weine vom Bopparder Hamm. Die Hauptrebsorten sind Riesling, Rivaner und Spätburgunder. Mit dem **Weingut Weingart (P 8)** empfängt uns ein etwas anderes Weingut am Fuss der Weinberge.

P8
21.7 km
$1^{h}50^{min}$

Die Vinothek ist in den Hang gebaut, der Verkostungswagen gleicht einem großen Schäferwagen und der Picknickplatz zum Verkosten und Genießen befindet sich auf dem begrünten Dach der Vinothek. Sehr mutig und klasse gemacht! Nach dem Weingut queren wir auf einem asphaltierten Weinbergweg den Hang, ehe wir in Serpentinen zu einer **Weinbergschaukel (P 9)**

P9
25.3 km
$2^{h}05^{min}$

Klostergut Jakobsberg

Kapelle bei Schauren

Weingut Weingart

Weinbergschaukel

Blick von der Schaukel

hinaufstrampeln. Als Belohnung können wir sanft schwingend den herrlichen Blick auf das Rheintal genießen.

Weiter geht es durch die Rebenhänge hinab zur **Hütte am Mandelstein (P 10)**, die in exponierter Lage in einer Kurve am Steilhang thront. Ein prima Ort zum Verweilen und Genießen, wenn nicht gerade eine größere Wandergruppe den Picknickplatz beansprucht. Anschließend rollen wir entlang des Peternacher Bachs ins Tal, wo bis zu seiner Zerstörung im Dreißigjährigen Krieg das Dorf Peternach existierte. Per Anruf öffnet sich die Bahnschranke und nach Überquerung der B 9 sind wir zurück auf dem Rheinradweg.

Die letzten Kilometer entlang des Rheins sind ideal zum Ausrollen. Zurück in Boppard lockt das gastronomische Angebot am Rheinufer und in der Altstadt. Boppard gehörte zu den bedeutendsten römischen Siedlungen am Mittelrhein. Die Mauerreste des alten Römerkastells sind eine der Hauptsehenswürdigkeiten der Stadt. Mit der Kurfürstlichen Burg, die heute ein Museum beherbergt, können wir ein mittelalterliches Bollwerk direkt am Rheinufer bewundern. Auf Genuss und Kultur folgt der Rückweg zum **Hauptbahnhof Boppard (P 1/Ziel)**, wo unsere Panoramatour endet.

Fazit

Ein Geheimtipp abseits des Trubels, bei dem tolle Landschaftseindrücke im Vordergrund stehen. Die grandiosen Panoramablicke verdienen schönes Wetter und gute Fernsicht. Dank der Sesselbahn Boppard besteht die Möglichkeit, einen Anstieg zu „sparen“.

TourTipps

- Tourist-Info Boppard, Marktplatz (Altes Rathaus), 56154 Boppard, 06742/3888, www.boppard-tourismus.de
- Tourist-Info Rhens, Am Viehtor 2, 56321 Rhens, 02607/49510, www.erlebnis-rheinbogen.de

- Fondels Mühle, Mühltal 8, 56154 Boppard, 06742/5775, www.fondelsmuehle.de
- Hütte anders Boppard, Mühltal 6, 56154 Boppard, 06742/896753, www.basecamp-boppard.de
- Restaurant GedeonsEck, Gedeonseck, 56154 Boppard, 06742/5146, www.gedeonseck-boppard.de
- P3 Restaurant Café Vierseenblick, Zum Vierseenblick, 56154 Boppard, 06742/3540
- P4 Golf Bistro - Club House Jakobsberg, Im Tal der Loreley, 56154 Boppard, 06742/808-0 bzw. 495 (Golf), www.jakobsberg.de
- Roter Ochse, Hochstraße 27, 56321 Rhens, 02628/2221, www.roter-ochse.de
- P6 Zum Alten Fritz, Hochstraße 9, 56321 Rhens, 02628/2332
- Gasthaus zur Marksburg, Zehnthofstraße 58, 56322 Spay, 02628/2285, www.gasthaus-zur-marksburg.de
- Rheinhotel Zum Anker, Rheinufer 25, 56322 Spay, 02628/8725, www.hotel-zum-anker.de
- P8 Weingut Weingart, Peterspay 1, 56322 Spay, 02628/8735, www.weingut-weingart.de
- Das Ebertor mit Brasserie 53 und Biergarten, Heerstraße 172, 56154 Boppard, 06742/8070, www.das-ebertor.de
- Weinhaus Heilig Grab, Zelkesgasse 12, 56154 Boppard, 06742/2371, www.heiliggrab.de
- Römerburg Boppard, Burgplatz 3, 56154 Boppard, 06742/82353, www.roemerburg-boppard.de

- Fahrradstudio Lüdicke, Oberstraße 105, 56154 Boppard, 06742/4736

Tour Code: **BT9X413** (www.wander-touren.com)

Direkt zum Startpunkt mit scan to go®

05 Loreley-Aar-Lahn-Rheinradweg

Die 3-Flüsse-Tour verbindet entspanntes Flussradfahren auf dem Aartal-, Lahn- und Rheinradweg mit der anspruchsvollen Querverbindung auf dem Loreley-Aar-Radweg von der Loreleystadt St. Goarshausen nach Hahnstätten durch den nordwestlichen Hintertaunus.

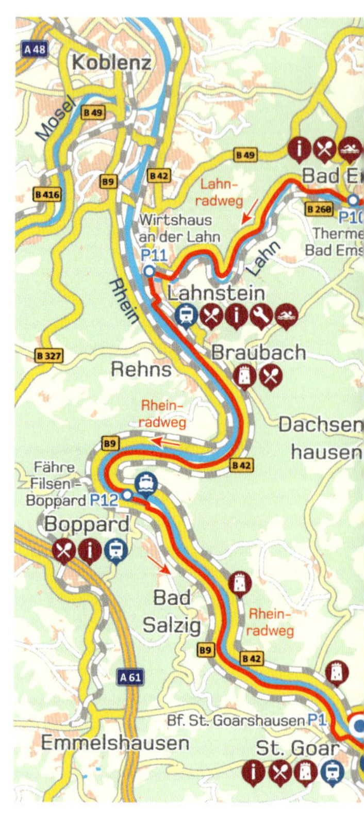

Start/Ziel: Bahnhof St. Goarshausen, Bahnhofstraße 34, 56346 St. Goarshausen

N 50° 09' 21.2'' E 7° 42' 50.8''

Anfahrt: B 42 am Rhein entlang bis St. Goarshausen oder B 9 bis St. Goar und mit der Fähre nach St. Goarshausen übersetzen

Parkplatz: Von der B 42 auf die B 274 abbiegen, vor der Unterführung links zu den Parkplätzen in Nähe des Rheinufers abfahren

Zug: RB 10 Neuwied - Frankfurt/M. Hbf bis Bf. St. Goarshausen, Kurzstrecke Rückfahrt von Diez mit RB 23 Mayen - Limburg/Lahn oder RE 25 Koblenz Hbf - Gießen (Bf Niederlahnstein umsteigen)

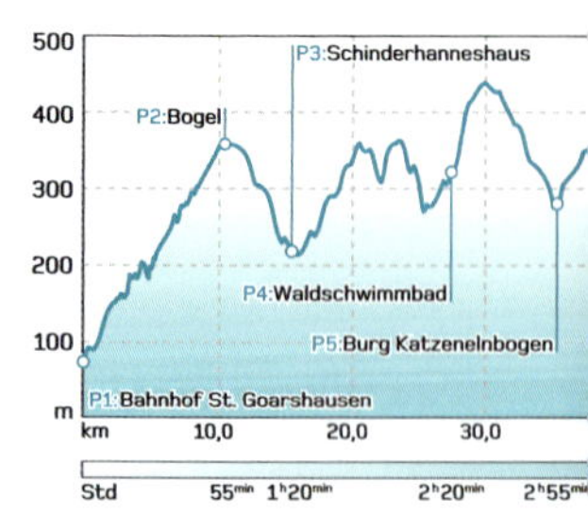

Variante kurz:

54.9 km 4h 35min 1145 ↑ ↓ 1100

139.9 km	11h 40min	1925 ↑	1925 ↓	Anspruch

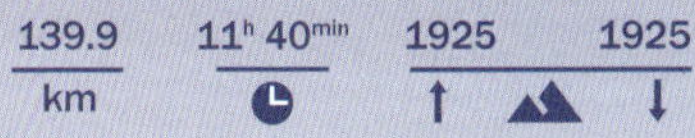

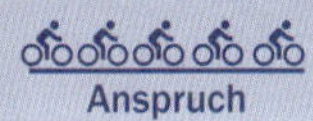

Alter Markt
Diez P7
Diez
Limburg an der Lahn
A3
B 417
Lahn
Schleuse Scheidt P8
Obern-hof
Nassau
B 417
P9 Kloster Arnstein
Lahn-radweg
B 54
Aartal-radweg
Oberneisen
Kalksteinbruch Hahnstätten
Hahn-stätten
Schönborn
P6 Aartalradweg
B 260
Burg Katzenelnbogen P5
B 274
Loreley-Aar-Radweg
Obertiefen-bach
Katzen-elnbogen
Aar
B 54
Miehlen
Schinder-hanneshaus P3
P4 Waldschwimmbad
Rettert
2.5 km
Loreley-Aar-Radweg
Nastätten
Bogel P2
B 274
Loreley-Aar-Radweg
Aartalradweg
Heiden-rod
B 260
RHEINLAND-PFALZ
HESSEN
LAHN RADWEG
Rhein
Goarshausen

Aartalradweg
Schleuse Scheidt
P9: Kloster Arnstein
P10: Therme Bad Ems
P11: Wirtshaus an der Lahn
Boppard-
Filsen
P1: Bahnhof
50,0
60,0
70,0
80,0
90,0
100,0
110,0
120,0
130,0
139,9
4h40min
5h40min
6h55min
8h10min
9h05min
10h20min
11h40min

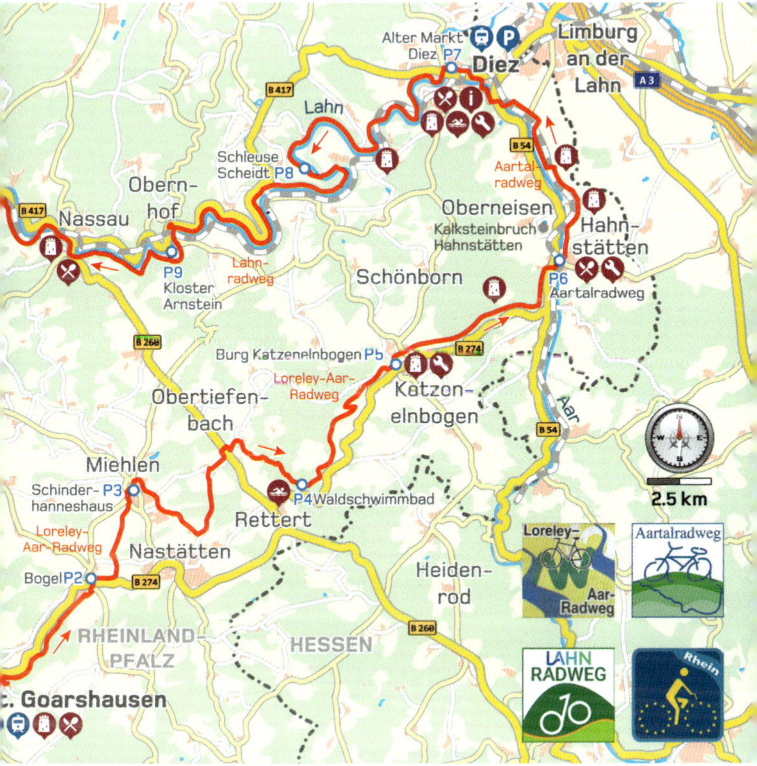

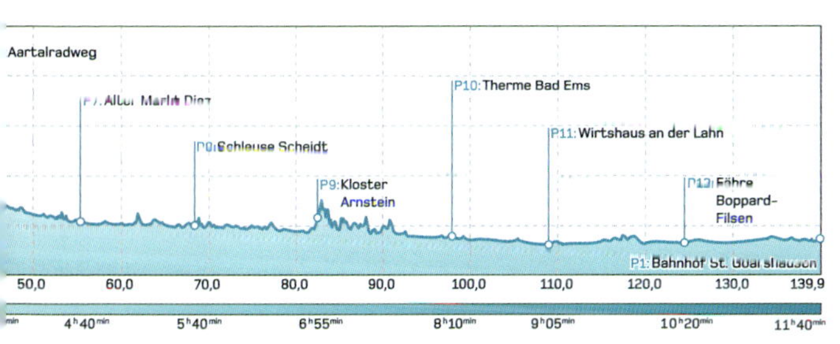

Drei Flüsse, eine Tour

Während man für die 140 km Rundstrecke zwei Tage benötigt, sind die beiden Teilabschnitte St. Goarshausen - Diez (Variante kurz) und Diez - Lahnstein - St. Goarshausen schöne Tagestouren. Der erste Streckenteil quer durch den nordwestlichen Hintertaunus ist etwas für geübte Radfahrer, die Flussradwege an Lahn und Rhein bieten Radelgenuss für jedermann.

Wir beginnen die Tour am Bahnhof der Loreleystadt **St. Goarshausen (P 1)**, fahren jedoch nicht am Rhein entlang, sondern folgen dem Loreley-Aar-Radweg ins Hasenbachtal. Die Tour beginnt mit einer Überraschung. Wer hätte gedacht, dass wir einen Bahntrassenradweg für den Anstieg von St. Goarshausen nach Bogel nutzen können? Vor 100 Jahren war die Nassauische Kleinbahn das wichtigste Verkehrsmittel der Region. 1957 wurde der Bahnbetrieb eingestellt. Heute dient die ehemalige Bahntrasse als Rad- und Wanderweg.

P1
Start

Die Strecke steigt stetig an, ist jedoch wegen des gleichmäßigen Gefälles angenehm zu fahren. Unterwegs lohnt sich ein Abstecher nach Reichenberg, um einen Blick auf Burg Reichenberg zu werfen. Die fernab des Rheins liegende Burgruine ist weitgehend unbekannt, befindet sich in Privatbesitz und kann leider nicht besichtigt werden. Zurück auf dem Loreley-Aar-Radweg gewinnen wir in dem bewaldeten Tal stetig an Höhe. Nach dem Campingplatz Hasenbachtal öffnet sich die Landschaft und der erste Anstieg ist am Ortsrand von **Bogel (P 2)** gemeistert.

P2
10.5 km
55 min

Weiter geht es über die weite Hochfläche entlang der B 274, ehe der Radweg bergab über Endlichhofen nach Miehlen führt. Die Gegend um Nastätten und Miehlen wird „Blaues Länd-

Im Hasenbachtal

Über die weite Hochfläche

P3
15.7 km
1h 20min

chen" genannt. Der Name stammt von „Blaufärbern", die einst im Mühlbach Tuch blau färbten. Der kräftige, blaue Farbstoff wurde aus den Blättern der alten Kulturpflanze Färberwaid gewonnen. In Miehlen kommen wir am **Schinderhannes-haus (P 3)**, dem Geburtshaus von Johannes Bückler vorbei. Der „deutsche Robin Hood" ist besser bekannt als Räuberhauptmann Schinderhannes.

P4
27.6 km
2h 20min

Das stete Auf und Ab der Wegstrecke setzt sich anschließend fort, wobei der Radweg teils auf Kreisstraßen mitgeführt wird. Über Bettendorf geht es nach Obertiefenbach, wo wir uns auf eine landschaftlich herrliche Passage abseits des Verkehrs freuen können. Wir rollen zur Plätzermühle hinab und genießen im romantischen Hasenbachtal Wald, Wiesen und den munter plätschernden Bach. Nach dem Waldhotel Hollermühle und dem Campingplatz Holzhausen erreichen wir das **Waldschwimmbad (P 4)**. Besonders an heißen Tagen bietet das Freibad eine herrliche Gelegenheit zur Abkühlung und Erfrischung.

P5
35.3 km
2h 55min

Nun haben wir den steilen Anstieg nach Rettert vor der Brust. Mit Blick auf Ober- und Mittelfischbach geht es weiter in die am Dörsbach gelegene Stadt Katzenelnbogen. Der ungewöhnliche Name beruht auf der Deutung „Ort an der kleinen Bachkrümmung (Krümmung = Ellenbogen)". Katzenelnbogen bietet sich für eine Verschnaufpause mit Blick auf die über der Stadt thronende **Burg Katzenelnbogen (P 5)** an. Die Burg war einst Stammsitz der mächtigen Herren von Katzenelnbogen, die weite Gebiete an Rhein und in der Umgebung besaßen. Von der Burganlage ist jedoch außer dem großen Wohngebäude wenig übriggeblieben und zudem für die Öffentlichkeit nicht zugänglich.

Rast am Schinderhanneshaus

Burg Katzenelnbogen

Entlang des Burgbergs verlassen wir die Stadt und durchqueren ein Waldgebiet, wobei wir in der steilen Abfahrt nach Hahnstätten einen Abstecher (nicht im Track aufgenommen) zur Burg Hohlenfels unternehmen können. Die Burg befindet sich in Privatbesitz. Da der Loreley-Aar-Radweg in Hahnstätten endet, setzen wir die Fahrt auf dem **Aartalradweg (P 6)** fort. Der Fluss Aar ist nicht zu verwechseln mit der von der Flutkatastrophe 2021 betroffenen Ahr. In Hahnstätten haben wir die Berg- und Talfahrt durch den nordwestlichen Hintertaunus bewältigt. Die vor uns liegende Strecke entlang Aar, Lahn und Rhein ist weitgehend flach und nur kilometermäßig eine Herausforderung.

P6
44.6 km
3h 45min

Hahnstätten bietet sich für eine Verpflegungspause an. Zudem gibt es entlang der Kirchgasse und Brückenstraße mit dem Hof Tilia, der Pfarrkirche Sankt Nikolaus und dem Bieberstein'schen Schloss viel Sehenswertes. Vor Jahren wurde mit dem Bau des Botanischen Gartens Hahnstätten begonnen. Beim Wasserschloss ist ein Erlebnis- und Kulturgarten mit großen Teichanlagen, Seebühne und Abenteuerspielplatz geplant. Hoffentlich endet das Ganze nicht als Fata Morgana.

Nach Hahnstätten schlängelt sich der Radweg, begleitet von der Trasse der Aartalbahn, durch das verträumte Tal. Die Reaktivierung der Bahnstrecke von Wiesbaden nach Limburg ist derzeit in Diskussion. Nachdem zunächst der Kalksteinbruch Hahnstätten den Blick bestimmt, sind es in Oberneisen zwei beeindruckende Kulturdenkmale. Der Dom des Aartals, eine auf einem Hügel errichtete weiße Rundkirche mit Säulenhalle am Eingangsportal, und die mächtige Burgmauer, Überbleibsel der Burg Oberneisen, sind nur einen Steinwurf voneinander entfernt.

Ruine Ardeck

Auf dem Aartalradweg

P7
55.6 km
$4^h 40^{min}$

Nächster Höhepunkt ist Ruine Ardeck, die majestätisch auf einer Anhöhe über der Aar thront. In ungeraden Jahren erwacht das Gemäuer zu den Burgfestspielen aus seinem Dornröschenschlaf. Sodann folgen wir dem Flusslauf in die Oranierstadt Diez, wo der Aartalradweg am **Alter Markt (P 7)** endet und wir auf den Lahnradweg wechseln. Mit der ehemaligen Residenzstadt und Wiege des niederländischen Königshauses haben wir unser Tagesziel erreicht. Die Altstadt überragt das mächtige Grafenschloss Diez. Es beherbergt die Jugendherberge und bietet sich neben den Hotels der Stadt zur Übernachtung an.

Variante kurz

*Wer die Tour in Diez beendet (Variante **Tagestour**) kommt per Bahn mit Umstieg in Niederlahnstein zurück nach St. Goarshausen.*

Am nächsten Tag verlassen wir Diez über die Alte Lahnbrücke. Die Brücke mit Schloss, Stadtmauer und Fachwerkhäusern ist ein beliebtes Postkartenmotiv. Am Lahnufer imponiert der Blick auf eine schroffe, rötliche Felswand, die „zur Kulisse“ des Baggersees Diez gehört. Wir rollen am Flussufer entlang, auf der Lahn paddeln Kanuten, Ruderer ziehen ihre Bahnen und ab und an tuckert ein Motorboot vorüber. Idylle pur! Auf der an-

deren Lahnseite liegt Fachingen mit dem Werk des bekannten Heil- und Mineralwassers Staatlich Fachingen. Vor Balduinstein wird der Lahnradweg schmaler und quetscht sich zwischen Fluss und Steilhang. Am anderen Flussufer bestimmen Burg Balduinstein und die Schaumburg die Aussicht. Nach dem Gasthaus Lahnblick fahren wir bis Geilnau auf der Lahntalstraße. Dank zweier Brückenneubauten können wir die Fahrt am Lahnufer fortsetzen, passieren die **Schleuse Scheidt (P 8)** und gelangen entlang einer Lahnschleife nach Laurenburg.

P8
68.3 km
5h 40min

Nach der Ortschaft ist das Tal bis zur Schleuse Kalkofen so schmal, dass der Radweg straßenbegleitend entlang der B 417 mitgeführt wird. In Oberndorf überrascht uns das Lahntal mit sonnenverwöhnten Weinhängen. Oberndorf und Weinähr sind die Zentren des Lahnweins. Hier gedeihen dank Schieferböden und Steillagen ausgezeichnete Weine, die in der Regel direkt vom Erzeuger vermarktet werden. Wir überqueren die Lahn und haben mit dem **Kloster Arnstein (P 9)** den nächsten Blickfang vor uns. Bei der Klostermühle beginnt der kurze, knackige Anstieg zum Kloster, das seine Existenz Ludwig III., Graf von Arnstein, verdankt.

P9
82.6 km
6h 55min

Es folgt ein Auf und Ab auf einem schmalen Teerweg entlang des Lahnhanges, wo ein Aussichtspunkt einen großartigen

Blick auf Kloster Arnstein und Schloss Langenau bietet. Zurück am Lahnufer taucht vor uns der Burgberg mit dem Hauptturm der Burgruine Nassau auf. Wir lassen Nassau auf der anderen Lahnseite liegen und umrunden den Burgberg. Ab Koppelheck verläuft der Lahnradweg bis zum Bahnhof Dausenau oberhalb der Bahnlinie. Dausenau selbst liegt auf der anderen Uferseite und imponiert mit seinem mittelalterlichen Stadtbild. Weiter geht es durch die Lahnaue in Richtung Bad Ems. Das Tal wird enger und die Lahn gibt sich wildromantisch.

Bad Ems ist auf beiden Uferseiten von steilen Berghängen eingerahmt. Die Stadt erlebte seine Blütezeit im 19. Jhd., als das Kaiserbad Treffpunkt des europäischen Hochadels sowie vieler Künstler und Schriftsteller war. Angesichts der prunkvollen Barockbauten und verspielten Bäderarchitektur gerät man ins Staunen und Schwärmen. Nach der Bahnhofsbrücke folgen im historischen Kurviertel das Häcker's Grand Hotel, die Kolonnaden und das Kursaalgebäude mit der ältesten Spielbank Deutschlands. Auf der anderen Uferseite zieht uns die russisch-orthodoxe Kirche mit ihren fünf Zwiebeltürmen in ihren Bann. Schließlich sollten wir uns in einem der Cafés oder Restaurants eine Pause gönnen, ehe wir vorbei an der **Therme Bad Ems (P 10)** die eindrucksvolle Kurstadt verlassen.

P10
98.1 km
8h 10min

Es folgt ein traumhafter Streckenabschnitt entlang der Lahn. Nach der Insel Oberau mit dem Industriedenkmal Nieverner Hütte, lugen auf der Hangkante des Lahntals die Hochhäuser des Stadtteils Lahnstein auf der Höhe heraus. Kurz vor der Lahnmündung verlassen wir beim **Wirtshaus an der Lahn (P 11)** den Lahnradweg und wechseln auf den Rheinradweg. Mit Blick auf Burg Lahnstein rollen wir sodann über die Lahnbrücke nach Oberlahnstein, wo wir am Ortsende Schloss Martinsburg passieren.

P11
109.9 km
9h 50min

Nächster Höhepunkt ist der Blick auf Braubach, das von der eindrucksvoll auf einem Felskegel thronenden Marksburg überragt wird. Nach Osterspai und Filsen erreichen wir die **Fähre Boppard-Filsen (P 12)** und können bei der Überfahrt entspannt die prächtige Häuserfront Boppards genießen. Die Stadt lohnt sich dank ihres gastronomischen Angebots für

Kloster Arnstein

St. Goarshausen mit Burg Katz

Bilck von der Fähre auf St. Goar mit Burg Rheinfels

eine Verschnaufpause. Boppard gehörte zu den bedeutendsten römischen Siedlungen am Mittelrhein und bietet u.a. mit den Überresten des alten Römerkastells und der Kurfürstlichen Burg attraktive Sehenswürdigkeiten.

Vom „Nizza am Rhein“ pedalieren wir entlang des Rheinufers nach Bad Salzig mit faszinierender Aussicht auf die Burgen der feindlichen Brüder. Nach dem Blick auf Burg Sterrenberg und Burg Liebenstein geht es über Hirzenach zum direkt am Rhein gelegenen Weinhotel Landsknecht. In unmittelbarer Nähe des Hotels ist der seit Jahren umstrittene Bau der Mittelrheintalbrücke zwischen Fellen und Wellmich geplant.

Stromaufwärts folgt St. Goar. Der Ort wird überragt von Burg Rheinfels, einer der eindrucksvollsten Burgen des Mittelrheintals. Ob in St. Goar oder in St. Goarshausen, an Gastronomie mangelt es nicht, um die Tour in aller Ruhe Revue passieren zu lassen. Zum Abschluss können wir auf der Überfahrt mit der Fähre das großartige Panorama mit den beiden Schwesterstädten und den Burgen Rheinfels, Katz und Maus genießen, ehe die Radrunde am **Bahnhof St. Goarshausen (P 1/Ziel)** endet.

Fazit

Eine wunderbare Wochenendtour gespickt mit herrlichen Natur-, Kultur- und Genusserlebnissen an Rhein, Lahn und Aar sowie den Ausläufern des Taunus. Dank der Bahn sind beide Etappen auch als Tagestouren möglich.

TourTipps

- Tourist-Info Diez, Wilhelmstraße 63, 65582 Diez, 06432/9543211, www.stadt-diez.de und www.urlaub-in-diez.de
- Tourist-Info Lahnstein, Salhofplatz 3, 56112 Lahnstein, 02621/914171, www.lahnstein.de
- Tourist-Info St. Goar, Heerstraße 81, 56329 St. Goar, 06741/383, www.stadt-st-goar.de

- MOS Café, Marktstraße 2a, 65623 Hahnstätten, 06430/9229476, www.mos-cafe.de
- P6 Eiscafé La Dolce Vita, Austraße 2, 65623 Hahnstätten, 06430/6409, www.lacolcevita-marino.de
- Schloss-Bistro in der Grafenschloss-Jugendherberge Diez, Schlossberg 8, 65582 Diez, 06432/2481, www.diejugendherbergen.de
- P7 Café Raths, Altstadtstraße 1, 65582 Diez, 06432/921012
- Lahnblick, Lahntalstraße 4, 65558 Balduinstein, 06439/7620, www.lahnblick.de
- Zum Lahntal, Lahnstraße 5, 56379 Laurenburg, 06439/7620, www.gasthofzumlahntal.de
- Lahn-Weingut Haxel, Arnsteiner Straße 1, 56379 Oberndorf, 02604/4124, www.lahnweingut-haxel.de
- Lahnromantik, Bezirksstraße 20, 56377 Nassau, 02604/95310, www.lahnromantik.de
- P10 Gastronomie Bad Ems und Fachbach siehe Tour 2
- P11 Wirtshaus an der Lahn, Lahnstraße 8, 56112 Lahnstein, 02621/6279670, www.wirtshaus-an-der-lahn.info
- Gastronomie Braubach und Boppard siehe Tour 3
- Gastronomie St. Goar und St. Goarshausen siehe Tour 7

- Bike Team 50, Auf dem Brühl 1, 56368 Katzenelnbogen, 06486/9049850, www.biketeam50.de
- Bikerleben, Austraße 2, 65623 Hahnstätten, 06430/9229631, www.bikerleben.de
- Fahrradläden Bad Ems und Lahnstein siehe Tour 2

- Emser Therme, Viktoriaallee 25, 56130 Bad Ems, 02603/9790 0, www.emser-therme.de

Tour Code: **BT9X512** (www.wander-touren.com)

Direkt zum Startpunkt mit scan&go®

06 Mittelrhein-Hunsrück-Tour

Die Tour führt von Emmelshausen auf dem Schinderhannes-Radweg nach Pfalzfeld. Nach der Abfahrt ins Rheintal geht es vorbei an der Loreley nach Boppard. Zurück auf die Hunsrückhochfläche gelangt man entspannt per Bahn oder mit Muskelkraft auf dem Rad.

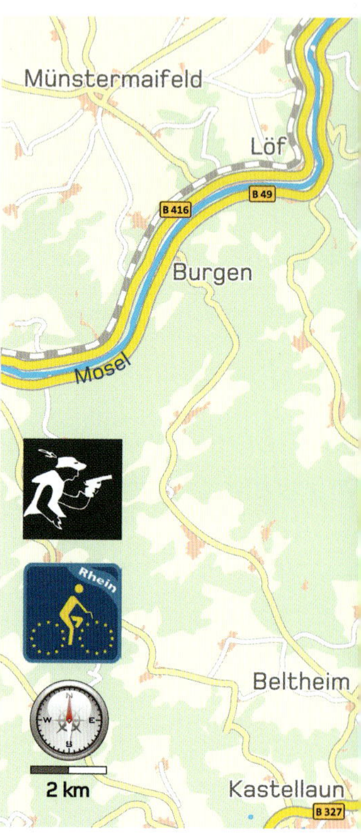

Start/Ziel: Bf. Emmelshausen, Bahnhofstraße 1, 56281 Emmelshausen

N 50° 09' 27.0'' E 7° 33' 37.0''

Anfahrt: A 61 bis Ausfahrt 42 Emmelshausen, L 206 nach Emmelshausen folgen, in Emmelshausen rechts in die Bahnhofstraße abbiegen

Parkplatz: Einige Parkplätze direkt am Bahnhof Emmelshausen, ansonsten Parkplatz „Am Markt" 150 Meter vom Bahnhof entfernt

Zug: Hunsrückbahn RB 37 Boppard - Emmelshausen bis Bahnhof Emmelshausen

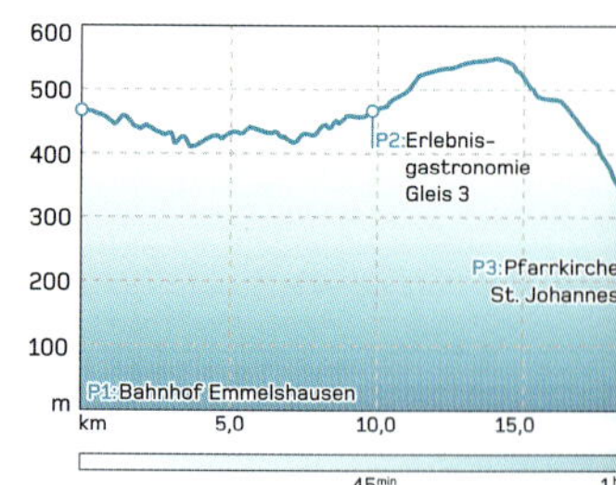

Variante kurz (Strecke):

45.3 km 3h 45min 485 ↑ ↓ 870

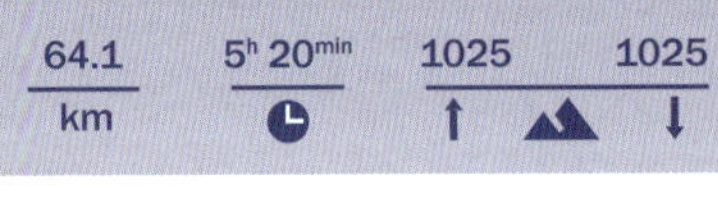
64.1
km
5h 20min
1025
1025

Anspruch

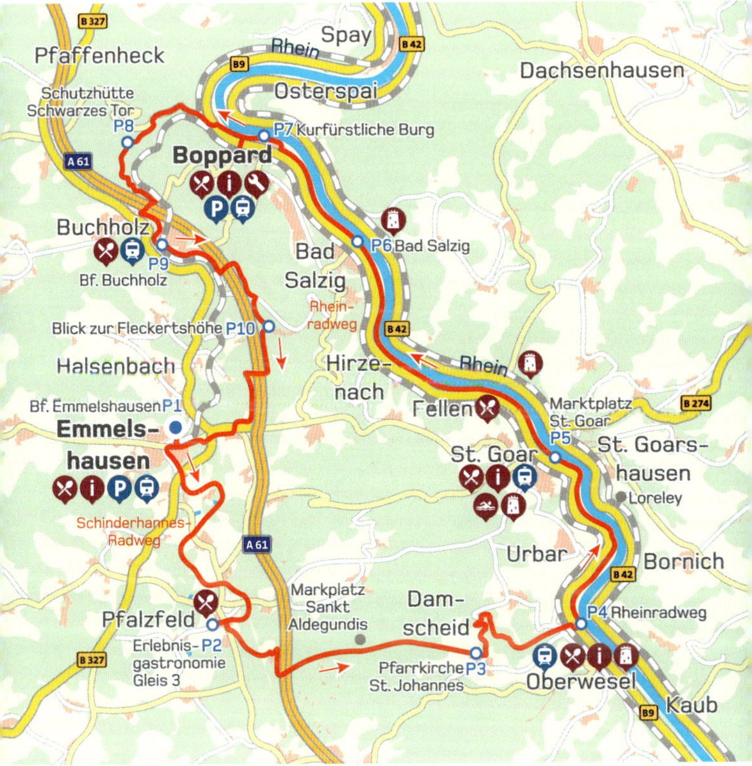

B 327
Pfaffenheck
Spay
Rhein
B 42
B9
Osterspai
Dachsenhausen
Schutzhütte
Schwarzes Tor
P8
P7 Kurfürstliche Burg
A 61
Boppard
Buchholz
P9
Bf. Buchholz
P6 Bad Salzig
Bad
Salzig
Rhein-
radweg
Blick zur Fleckertshöhe P10
B 42
Halsenbach
Hirze-
nach
Rhein
Bf. Emmelshausen P1
Emmels-
hausen
Fellen
Marktplatz
St. Goar
P5
B 274
St. Goar
St. Goars-
hausen
Loreley
Schinderhannes-
Radweg
A 61
Urbar
Bornich
B 42
Markplatz
Sankt
Aldegundis
Dam-
scheid
Pfalzfeld
P4 Rheinradweg
Erlebnis- P2
gastronomie
Gleis 3
B 327
Pfarrkirche P3
St. Johannes
Oberwesel
B9
Kaub

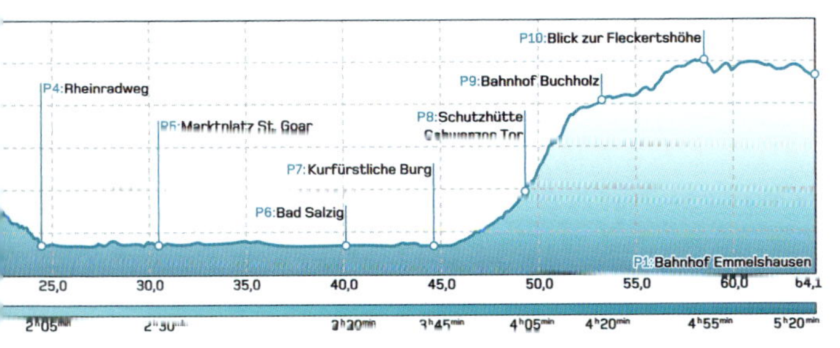
P10: Blick zur Fleckertshöhe
P4: Rheinradweg
P9: Bahnhof Buchholz
P5: Marktplatz St. Goar
P8: Schutzhütte
Schwarzes Tor
P7: Kurfürstliche Burg
P6: Bad Salzig
P1: Bahnhof Emmelshausen
25,0
30,0
35,0
40,0
45,0
50,0
55,0
60,0
64,1
2h05min
2h30min
3h20min
3h45min
4h05min
4h20min
4h55min
5h20min

Berg und Tal

Die Tour beginnt am **Bahnhof Emmelshausen (P 1)**. Die Entstehung der Stadt Emmelshausen ist mit dem Bau der Hunsrückbahn verknüpft. Nachdem 1908 die Strecke in Betrieb genommen wurde, wuchs um den Bahnhof Halsenbach eine Siedlung aus der 1935 Emmelshausen hervorging. Das Hunsrückbahn-Museum im alten Güterschuppen zeigt neben einer Eisenbahnausstellung die Entwicklung „Vom Bahnhof zur Stadt".

P1
Start

Vom Bahnhof rollen wir zum Zentrum am Park (ZaP), wo sich auch die Tourist-Info befindet. Beim Kreisverkehr am ZaP beginnt der Schinderhannes-Radweg, dem wir auf seinen ersten neun Kilometern bis zum Ortsrand von Pfalzfeld folgen. Der Name bezieht sich auf den Räuberhauptmann Schinderhannes, eine Art Robin Hood des Hunsrücks. Der Radweg nutzt die Trasse der ehemaligen Hunsrückbahn und zieht sich als grünes Band abseits von Straßen und Lärm in weiten Schleifen durch die idyllische Landschaft.

Ehe wir den Schinderhannes-Radweg beim Abzweig nach Oberwesel verlassen, bietet der Abstecher zu der **Erlebnisgastronomie Gleis 3 (P 2)** eine erste nette Einkehrgelegenheit. Die Strecke nach Oberwesel ist beschildert, wenn auch nicht als Themenradweg mit Logo. Ein paar Meter nach der Abzweigung können wir auf einer Traumliege den Blick durch einen riesigen Bilderrahmen auf die Landschaft um Pfalzfeld mit dem Pfalzfelder Wasserturm genießen. Weiter geht es auf einem Sträßchen nach Nenzhäuserhof, wo wir die Tour auf einem Forstweg fortsetzen.

P2
9.4 km
45 min

Wir queren die A 61 und erreichen im Oberweseler Stadtwald den höchsten Punkt der Strecke. Auf der folgenden Abfahrt passieren wir bei einer Freifläche den ehemaligen Marktplatz Sankt Aldegundis. Hier befanden sich einst eine Wallfahrtskirche und Einsiedelei. Zudem wurde der Kram- und Viehmarkt

Pause an „Gleis 3"

Auf dem Schinderhannes-Radweg

an dieser Stelle abgehalten. Der Aldegundismarkt wurde 1767 erstmals erwähnt und lebt bis heute fort. Ende Juli jeden Jahres bietet sich die Gelegenheit zum Einkaufsbummel der besonderen Art mitten im Wald.

P3
18.4 km
1h 30min

Zurück auf Asphalt können wir vor Damscheid den herrlichen Blick ins Rheintal bestaunen, ehe wir im Ort an der mächtigen **Pfarrkirche St. Johannes (P 3)** vorüberrollen. Weiter geht es auf einem Sträßchen, das sich in Richtung Niederburg den Hang hinunterschlängelt. Nach einer Serpentine folgt der Abzweig ins Niederbachtal. Die schmale Piste durch das enge Tal (auf Gegenverkehr achten!) mit mehreren Mühlenanwesen ist trotz des teils aufgebrochenen Straßenbelags eine traumhafte Radstrecke.

Im Rheintal empfängt uns Oberwesel, die Stadt der Türme und des Weins. Für einen Stadtbummel können wir die Räder beim Hotel Restaurant Goldener Pfropfenzieher zurücklassen. In dem Wirtshaus trug August Heinrich Hoffmann von Fallersleben 1843 zum ersten Mal sein Deutschlandlied, die heutige Nationalhymne, vor. Ein besonderes Highlight von Oberwesel ist die begehbare Stadtmauer, die uns zum Marktplatz führt.

P4
24.5 km
2h 05min

Zurück auf dem Fahrradsattel treffen wir am Rheinufer auf den **Rheinradweg (P 4)**, der an der B 9 entlangführt.

Nach einem Blick zurück auf die markante Stadtsilhouette von Oberwesel bestimmt die sagenumwobene Loreley die Fahrt entlang des Stroms. Der über 130 Meter hohe, steilabfallende Schieferfelsen gehört zu den bekanntesten Sehenswürdigkeiten Deutschlands. Der Legende nach betörte eine blonde, langhaarige Jungfrau mit ihrem Aussehen und Gesang die Rheinschiffer so sehr, dass viele Boote an den Felsenriffen unterhalb der Loreley zerschellten. Auch heute noch ist der Rhein auf Höhe der Loreley wegen seiner Untiefen und der Enge des Tals besonders gefährlich. Auf unserer Fahrt ist es gut möglich, dass von einem der Ausflugsboote das von Heinrich Heine verfasste Loreleylied mit der Strophe „Ich weiß nicht, was soll es bedeuten, dass ich so traurig bin …“ zu uns herüberschallt. Nach der Loreley erreichen wir mit St. Goar „die kleinste Weltstadt am Mittelrhein“. Dank der Nähe zur Loreley und wegen

Blick zur Loreley

Fahnenmast am Rheinradweg mit Burg Sterrenberg im Hintergrund

Blick vom Rheinradweg auf die „Feindlichen Brüder“

P5
30.4 km
2h 30min

Burg Rheinfels ist St. Goar ein Touristenmagnet und Station vieler Bus- und Schiffreisender. Der Abstecher hinauf zu einer der eindrucksvollsten Burgen des Mittelrheintals ist äußerst lohnend und den extrem steilen Anstieg wert. Der **Marktplatz St. Goar (P 5)**, die Heerstraße und die Gastronomie an der Uferpromenade bieten sich für einen Einkehrschwung an. Von St. Goar blicken wir hinüber zur Schwesterstadt St. Goarshausen und können das Flusspanorama mit den Burgen Katz und Maus genießen.

P6
40.2 km
3h 20min

Der Rheinradweg führt uns weiter nach Fellen mit dem am Ufer gelegenen Weinhotel Landsknecht. Bei dem Hotel ist die Auffahrt auf die viel diskutierte Mittelrheinbrücke geplant, die beide Uferseiten miteinander verbinden soll. Es bleibt abzuwarten, ob das umstrittene Bauprojekt realisiert wird? Bis zur BUGA 2029 wird die Brücke nicht fertiggestellt sein. Auf der Radroute folgen Hirzenach und **Bad Salzig (P 6)**, wo die Aussicht auf die Burgen Sterrenberg und Liebenstein, die sogenannten feindlichen Brüder, fasziniert.

P7
44.7 km
3h 45min

Die Fahrt entlang des Rheinufers endet in Boppard, dem Nizza am Rhein. Diese Bezeichnung verdankt die Stadt ihrer Uferpromenade mit Platanenallee und eindrucksvollen Hotelfassaden. Zu den Sehenswürdigkeiten der Stadt zählen das Römerkastell und die **Kurfürstliche Burg (P 7)**, die das Museum der Stadt Boppard mit einer Ausstellung zur Burggeschichte sowie einer

Tourausklang in Boppard?

Möbelsammlung von Michael Thonet beherbergt. In der Altstadt begeistern viele prächtige Fachwerkhäuser.

Wer sich für die **Kurzstrecke** *entscheidet, kann die Tour in einer Weinstuben oder einem Café ausklingen lassen und nutzt anschließend die Hunsrückbahn für die Rückfahrt nach Emmelshausen. Bei der Bahntrasse Boppard - Emmelshausen handelt es sich um die steilste Eisenbahnstrecke Deutschlands, die über zwei Viadukte und durch fünf Tunnel führt.*

Variante kurz

Auf der Rundstrecke haben wir den Anstieg vom Rheintal auf die Hunsrückhochfläche zu meistern. Am Ende der Bopparder Rheinpromenade biegen wir auf den Radweg in Richtung Emmelshausen ab und überqueren die B 9. Durch eine Bahnunterführung gelangen wir ins Mühltal und kommen an der Talstation der Sesselbahn vorbei. Nun folgen wir zunächst der L 207, ehe wir nach den letzten Häusern von der asphaltierten Straße auf einen Forstweg abbiegen.

Im idyllischen Mühlbachtal strampeln wir Höhenmeter um Höhenmeter nach oben. Dabei kommen wir an der Himmelsleiter vorbei. Hier lohnt es sich, vom Rad abzusteigen und auf einem Wanderweg die Treppe entlang der Hangkante hinaufzusteigen. Bei der **Schutzhütte Schwarzes Tor (P 8)** vereinigen sich Mörder- und Teufelsbach zum Mühlbach. Was für die Fantasie

P8
49.2 km
4h 05min

Anstieg im Mördertal

Rückfahrt mit der Hunsrückbahn

anregende Namen! Weiter geht es im mystischen Mörderbachtal. Die Streckenführung durch das eng eingeschnittene, dicht bewaldeten Bachtal ist wunderbar.

Der Anstieg geht jedoch richtig in die Beine. Wohl dem, der ein Pedelec/E-Bike fährt. Nach einer kurzen Straßenpassage unterqueren wir die A 61 und erreichen bei einem Verkehrskreisel den Ortsrand von Buchholz. Nach ein paar Metern entlang der Hunsrückhöhenstraße führt der Radweg zum **Bahnhof Buchholz (P 9)** und anschließend an der Trasse der Hunsrückbahn entlang. Dabei passieren wir das weitläufige Gelände der Baumaschinenfirma Bomag und streifen den Industriepark Boppard-Hellerwald.

P9
53.1 km
4h 20min

Nach dem Industriepark überquert der Radweg auf einer Brücke die A 61 und zieht sich parallel zur Autobahn über die bewaldete Hunsrückhochfläche, wobei das Rauschen der Autobahn eine permanente Geräuschkulisse bildet. Leider bietet sich von der Hochfläche keine Aussicht auf das Rheintal, dafür haben wir an einer Freifläche zumindest den **Blick zur Fleckertshöhe (P 10)** mit einem rot-weißen Sendemast.

P10
58.5 km
4h 55min

Die Steigung ist nun endgültig geschafft, wir queren erneut die A 61 und erreichen das Gewerbegebiet Dörth. Anschließend rollen wir auf dem Radweg entlang der L 206 zurück nach Emmelshausen und haben uns am Ziel eine Belohnung verdient: in direkter Nachbarschaft des **Bahnhofs Emmelshausen (P 1/ Ziel)** lädt das Hotel Waldfrieden zur abschließenden Einkehr ein.

P1/Ziel
64.1 km
5h 20min

Fazit

Die steile, teils geschotterte Abfahrt ins Rheintal ist nicht ohne. Am Rhein angekommen, erwarten uns der Zauber der Rheinromantik, Burgruinen, Weinbergterrassen und mittelalterliche Orte. Die Kurzstrecke spart, dank der Hunsrückbahn, den Anstieg zurück nach Emmelshausen.

TourTipps

- Tourist-Info Emmelshausen, Rhein-Mosel-Straße 45, 56281 Emmelshausen, ✆ 06747/93220, ⓘ www.hunsrueck-mittelrhein.de
- Tourist-Info Oberwesel, Rathausstraße 3, 55430 Oberwesel, ✆ 06744/710624, ⓘ www.oberwesel.de
- Tourist-Info St. Goar, Heerstraße 127, 56329 Sankt Goar, ✆ 06741/383, ⓘ www.stadt-st-goar.de
- Tourist-Info Boppard, Marktplatz (Altes Rathaus), 56154 Boppard, ✆ 06742/3888, ⓘ www.boppard-tourismus.de

- Hotel Waldfrieden, Bopparder Straße 12, 56281 Emmelshausen, ✆ 06747/244, ⓘ www.hotel-waldfrieden-emmelshausen.de
- Restaurant Mykonos und Biergarten am ZAP, Rhein-Mosel-Straße 45, 56281 Emmelshausen, ✆ 06747/5988843, ⓘ www.mykonos-emmelshausen.de
- P2 Gleis 3, Raiffeisenstraße 19, 56291 Pfalzfeld, ✆ 06746/8038533, ⓘ www.restaurant-gleis-3.eatbu.com
- P4 Goldener Pfropfenzieher, Am Plan 1, 55430 Oberwesel, ✆ 06744/93390, ⓘ www.goldener-pfropfenzieher.com
- Weinhaus Weiler, Marktplatz 4, 55430 Oberwesel, ✆ 06744/93050, ⓘ www.weinhaus-weiler.de
- P5 Hotel am Markt, Markt 1, 56329 St. Goar, ✆ 06741/1689, ⓘ www.hotel-sankt-goar.com
- Café St. Goar, Heerstraße 95, 56329 St. Goar, ✆ 06741/1635, ⓘ www.cafe-stgoar.de
- Rebstock Garden, Am Hafen 1, 56329 St. Goar, ✆ 06741/1360, ⓘ www.landgasthof-rebstock.com
- Weinhotel Landsknecht, Aussiedlung Landsknecht 4-6, 56329 St. Goar-Fellen, ✆ 06741/2011, ⓘ www.hotel-landsknecht.de
- P7 Gastronomie Boppard siehe Tour 4
- Hotel Restaurant Nikopolis, Hunsrückhöhenstraße 2, 56154 Boppard-Buchholz, ✆ 06742/9419429, ⓘ www.nikopolis-buchholz.de

- Fahrradstudio Lüdicke, Oberstraße 105, 56154 Boppard, ✆ 06742/4736

- Rheingoldbad, Aussiedlung Rheingoldbad, 56329 St. Goar-Werlau, ✆ 06741/7448, ⓘ www.hunsrueckmittelrhein.de

Tour Code: **BT9X611** (www.wander-touren.com)

Direkt zum Startpunkt mit scan to go®

07 Loreley-Loop

Bei der Tour dreht sich alles um die Loreley. Man fährt am Fuß des mystischen Felsens vorbei, blickt vom Aussichtspunkt gegenüber auf das Symbol der Rheinromantik und besucht, nach dem Übersetzen in die Loreleystadt St. Goarshausen, als Höhepunkt das Loreley-plateau.

Start/Ziel: Fähranleger St. Goar, B 9/Heerstraße 26, 56329 St. Goar

N 50° 09' 00.1'' E 7° 43' 04.7''

Anfahrt: B 9 am Rhein entlang bis St. Goar oder B 42 am Rhein entlang bis St. Goarshausen (Start Kurzstrecke)

Parkplatz: Parkplatz „Am Hafen" am nördlichen Ortseingang von St. Goar

Zug: MittelrheinBahn RB 26 Köln Messe/Deutz und Köln Hbf - Mainz Hbf bis Bahnhof St. Goar oder zum Start der Kurzstrecke RheingauLinie RB 10 Neuwied - Frankfurt/M. Hbf bis Bahnhof St. Goarshausen

350
300
250
200
150
100
50
m
P3: Günderodehaus
P2: Marktplatz Oberwesel
P1: Fähranleger St. Goar
km 2,5 5,0 7,5 10,0
Std 30min 45min

Variante kurz: 

18.6 km 1h 35min 560 ↑ ↓ 560

38.2 km	3h 10min	1110 ↑	1110 ↓	Anspruch

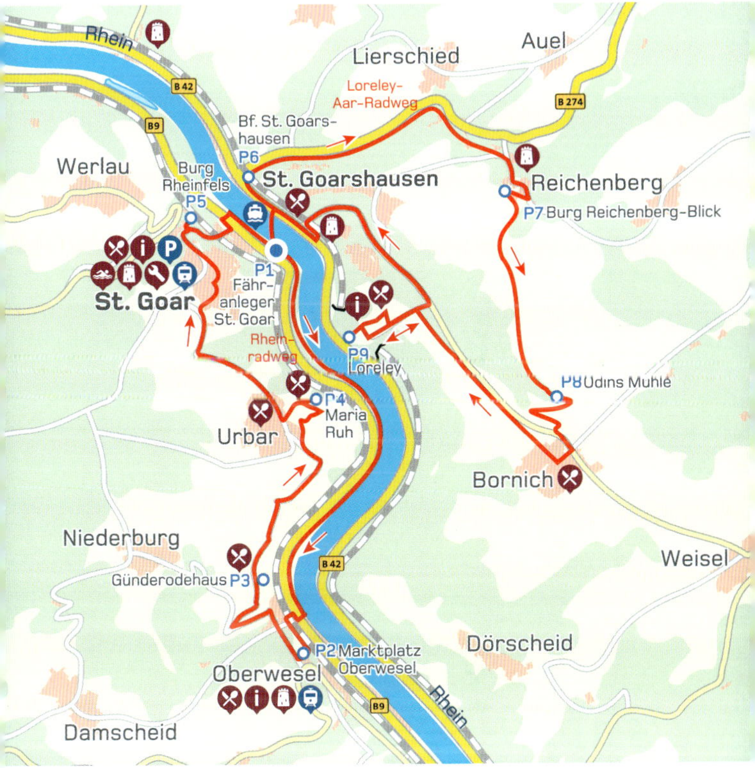

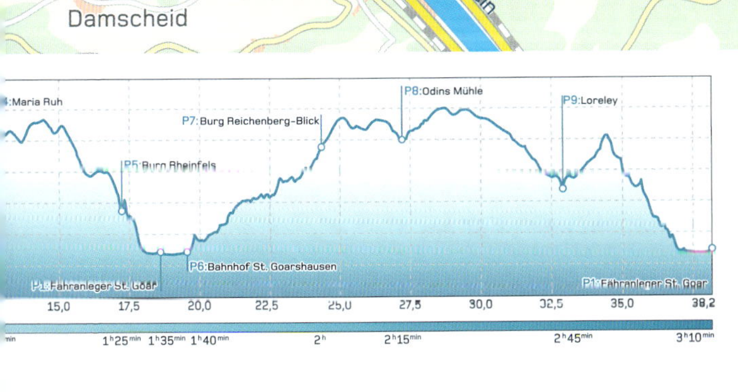

07

Mythos Loreley

Der Loreley-Loop besteht aus zwei Rundstrecken, eine auf der linken und eine auf der rechten Rheinseite. Da die Tour nur teilweise ausgeschilderte Radwege nutzt, ist ein Bike-Navi oder Smartphone-Navi zur sicheren Orientierung sehr zu empfehlen. Wir starten am **Fähranleger St. Goar (P 1)** und folgen dem Rheinradweg stromaufwärts. Fuß- und Radweg, Bundesstraße und Eisenbahn quetschen sich hier zwischen den Rhein und den Steilhang. Es ist die Stelle des Mittelrheintals an dem der Fels am steilsten und das Wasser am schmalsten und tiefsten ist. Die Untiefen zählen zu den gefährlichsten des Rheins.

P1
Start

Doch die Loreley bei Stromkilometer 555 ist nicht nur ein gefährlicher Ort, sondern gilt auch als das Symbol der Rheinromantik. Ihren Mythos verdankt die Loreley den Dichtern Clemens Brentano und Heinrich Heine. Wer kennt nicht die Legende von der blonden, langhaarigen Jungfrau, die zur Abenddämmerung und bei Mondschein ihr Haar mit einem goldenen Kamm kämmt und mit lieblicher Stimme singt. Ihr Aussehen und Gesang bezauberten Rheinschiffer so sehr, dass sie zur Loreley hinaufsahen, nicht auf den Kurs achteten und ihre Boote an Felsenriffen zerschellten.

Meist schallt das Loreleylied von einem der Ausflugsboote bis zu uns am Ufer. „Ich weiß nicht, was soll es bedeuten, dass ich so traurig bin ...“. Kitschig, traurig, schön. Als Beginn der Rheinromantik gilt der Sommer 1802. Damals bereiste der deutsche Dichter und Philosoph Friedrich von Schlegel das Mittelrheintal. Ihm folgten englische Maler. Unsere Rheinpartie bietet uns nach der Loreley einen herrlichen Blick auf Oberwesel mit der Silhouette von Martins- und Liebfrauenkirche, der Stadtmauer mit ihren vielen Türmen und der Schönburg im Hintergrund.

Ausflugsboot vor der Loreley

Die Stadt der Türme und des Weins ist südlicher Wendepunkt unserer Tour. Vom **Marktplatz Oberwesel (P 2)** radeln wir zum Koblenzer Torturm am nördlichen Rand der Stadtmauer.

P2
0.0 km
30min

P3
8.9 km
45min

Es folgt ein heftiger Anstieg auf der K 93 in Richtung Niederburg, ehe wir im Weinberghang der Ausschilderung zum Günderodehaus folgen. Der Blick von dem „Panoramasträßchen" ist überwältigend. Das **Günderodehaus (P 3)** liegt unterhalb der Straße. Die Aussicht hat dem Filmregisseur Edgar Reitz so imponiert, dass er im 25 km entfernten Seibersbach ein Fachwerkhaus abbauen und als Filmkulisse für den 3. Teil seiner Heimat-Trilogie hier wieder errichten ließ. Wohl ebenso begeistert war der englische Maler William Turner, der mit seinen Werken zu einem der Väter der Rheinromantik wurde.

Kreisrunde Bronzeplatten, die Teil der Turner Route sind, markieren besondere Malorte. Auf der Terrasse vor dem Günderodehaus können wir in die Fußstapfen des Künstlers treten und von Standort Nr. 17 den Blick auf das Rheintal mit Oberwesel und der Schönburg genießen. Die Aussicht ist auch als Siebenjungfrauenblick bekannt. Bei Niedrigwasser ragen spitze Felsen aus dem Rhein. Einer Sage nach, handelt es sich um sieben versteinerte Jungfrauen von der Schönburg, die auf der Flucht vor Freiern im Rhein ertranken und sich zu Stein verwandelten.

P4
12.6 km
1h 05min

Weiter geht es zum Ortsrand von Urbar, wo wir zu dem Loreleyblick **Maria Ruh (P 4)** abbiegen, der direkt gegenüber der Loreley an der Hangkante liegt. Hier laden Landschaftspark, Biergarten und Restaurant zum Entspannen, Verweilen und Genießen ein. Es gibt sogar eine kleine Freilichtbühne. Ein Denkmal erinnert an die Väter des Loreleyliedes. Ob im Günderodehaus oder am Loreleyblick, es sind zwei herrliche Orte zum Einkehren mit einer Aussicht, die ihresgleichen sucht.

Oberwesel

Die Stadt der Türme

Die hügelige Fahrt setzt sich am Rheinhang fort. Über Biebernheim geht es hinab zu **Burg Rheinfels (P 5)**, dem nächsten Höhepunkt unserer Tour. Die Burg soll eines der Glanzstücke der BUGA 2029 werden. Bis dahin wird die Festungsruine samt ihrer Vorflächen mit großem Aufwand saniert. Burg Rheinfels ist die größte Burg am Mittelrhein und galt als eine der sichersten und uneinnehmbarsten Burgen Deutschlands. Die Besichtigung mit oder ohne Führung ist ein Erlebnis, wobei die unterirdischen Minengänge nur im Rahmen einer Führung zugänglich sind. Die Anlage beherbergt auch ein luxuriöses Hotel mit der Burgschänke „Der Landgraf".

P5
17.2 km
1h 25min

Am Fuß von Burg Rheinfels liegt St. Goar. Das Städtchen verdankt der Nähe zur Loreley seine Beliebtheit bei Touristen aus aller Welt. Entsprechend präsentiert sich die Heerstraße, St. Goars Touristenmeile, mit reichlich Gastronomie und Souvenirgeschäften. An der Hausfassade des Cuckoo Clock Centers hängt die größte freihängenden Kuckucksuhr der Welt. St. Goar gibt sich international, weltoffen und bunt. Man sieht der Stadt jedoch auch an, dass sie schon bessere Zeiten erlebt hat. Hoffentlich sorgt die BUGA für neuen Schwung und eine nachhaltige Aufwertung der Stadt.

Zu den Sehenswürdigkeiten St. Goars zählt die Stiftskirche, deren Innenraum großflächig mit bunten Malereien verziert ist. Zurück am **Fähranleger St. Goar (P 1)** blicken wir hinüber zur Schwesterstadt St. Goarshausen. Die Überfahrt mit der Rheinfähre vermittelt Urlaubsgefühle und bietet herrliche Panoramablicke. Am anderen Ufer empfängt uns die Loreleystadt an der Rheinpromenade mit der Büste von Heinrich Heine.

P1
18.6 km
1h 35min

Am Günderodehaus

Turner Route Nr. 17

Variante kurz

*Die **Kurzstrecke** beschränkt sich auf die nachfolgend beschriebene Radrunde auf der rechten Rheinseite.*

P6
19.5 km
1h 40min

In St. Goarshausen beginnt der Loreley-Aar-Radweg, dem wir zum **Bahnhof St. Goarshausen (P 6)** und in das Hasenbachtal folgen. Dort wird die ehemalige Trasse der Nassauischen Kleinbahn als Rad- und Wanderweg genutzt. Beim Abzweig nach Reichenberg müssen wir den herrlichen Bahntrassenradweg jedoch wieder verlassen. Dass es nicht nur im Mittelrheintal spektakuläre Burgruinen gibt, beweist Burg Reichenberg mit ihrer beeindruckenden Schildmauer.

Auf alten Stichen und Postkarten sieht Burg Reichenberg mit zwei ungewöhnlich hohen Flankierungstürmen noch gewaltiger aus, doch einer der Türme wurde 1814 gesprengt und der andere stürzte 1971 ein. Die Ruine ist in Privatbesitz und kann leider nicht besichtigt werden. Den besten Blick auf die Burg müssen wir uns hart erarbeiten. Nach einem Steilanstieg werden wir mit dem **Burg Reichenberg-Blick (P 7)** belohnt. Ein herrlicher Ort für eine Verschnaufpause!

P7
24.3 km
2h

P8
27.2 km
2h 15min

Über die windgefährdete Hochfläche gelangen wir, teils auf den Spuren einer alten Römerstraße, zu **Odins Mühle (P 8)**. Die ehemalige Gemeindemühle liegt im idyllischen Forstbachtal. Sylvia Morgenstern und Friedrich Sauerwein haben hier eine Großeselzucht aufgebaut. Die „Esel-Loreley" bietet auch Wanderungen mit den Langohren an. Den Höhepunkt unserer Tour haben wir uns bis zum Schluss aufgehoben.

P9
32.9 km
2h 45min

Über die Ortschaft Bornich geht es endlich zur **Loreley (P 9)** selbst. Der Schieferfelsen ragt 132 Meter über dem Rhein empor und ist Anziehungspunkt für Touristen aus aller Welt. Das Herzstück des Welterbes Mittelrheintal wird seit Jahren aufwändig umgestaltet. Fertig gestellt ist der Kultur- und Landschaftspark mit sechs spektakulären Aussichtspunkten, dem Strahlenweg und Mythenpfad. Gewerkelt wird an der Mythoshalle mit der Dachkonstruktion in Form eines stilisierten Felsens und dem Restaurant im sanierten Turnerheim. Beim Herumschlendern auf dem Plateau kann man den

Blick auf Burg Rheinfels

Ausblick ins Rheintal

Burg Rheinfels

Am Loreleyblick Maria Ruh

Blick auf Burg Reichenberg

Odins Mühle

Auf dem Loreley-Plateau

Die „Esel-Loreley“

Loreleymythos spüren, viel über die Kulturgeschichte erfahren und die Natur mit dem sagenhaften Blick auf die Miniaturwelt unterhalb der Loreley genießen.

Die Loreley soll mit ihrer riesigen Bühne, durch Ausstellungen und mit einem spektakulären Veranstaltungsprogramm zum Herz der BUGA 2029 werden. Für den Rückweg steht leider kein Fahrradweg zur Verfügung, so dass wir auf die L 338 ausweichen müssen. Auf der kurvenreichen Straße geht es in rasanter Abfahrt hinab nach St. Goarshausen, wo wir in die Burgstraße abbiegen. Anwohner nennen dieses Sträßchen der Altstadt nur die „Gäsgaß“ (Gäs = Ziege). Ziegen waren die einzigen Tiere, die in der schmalen Gasse zwischen den Häusern gehalten werden konnten. Die Enge der Gäsgaß sorgt für italienisches Flair.

Beim historischen Stadtturm mit Loreley-Museum mündet die Burgstraße in die B 42 und ein paar Meter weiter sind wir zurück an der Fähre. Es sei denn, wir haben uns für einen letzten Abstecher (nicht im Track aufgenommen) auf der B 9 zur Hafenmole direkt unterhalb des Loreleyfelsens entschieden, wo eine Loreleystatue die Spitze des Hafendamms ziert. Während der Fährüberfahrt können wir noch einmal den Blick auf die beiden Schwesterstädte mit den Burgen Katz und Rheinfels genießen, ehe wir am **Fähranleger St. Goar (P 1/Ziel)** zurück am Ausgangspunkt unserer Tour sind.

P1/Ziel
38.2 km
3h 10min

Fazit

Eine meiner Lieblingstouren, die rund um die Loreley wunderbare Natur-, Kultur- und Genusserlebnisse vereint. Ein Höhepunkt jagt den nächsten. Die grandiosen Panoramablicke verdienen schönes Wetter und gute Fernsicht.

TourTipps

- Tourist-Info St. Goar, Heerstraße 127, 56329 St. Goar, 06741/383, www.stadt-st-goar.de
- Tourist-Info Oberwesel, Rathausstraße 3, 55430 Oberwesel, 06744/710624, www.oberwesel.de
- Tourist-Info Loreley-Plateau, Loreley 7, 56348 Bornich, 06771/9100, www.loreley-touristk.de

- Goldener Pfropfenzieher, Am Plan 1, 55430 Oberwesel, 06744/93390, www.goldener-pfropfenzieher.com
- P2 Weinhaus Weiler, Marktplatz 4, 55430 Oberwesel, 06744/93050, www.weinhaus-weiler.de
- Burghotel Auf Schönburg mit Burg-Bistro, 55430 Oberwesel, 06744/93930, www.hotel-schoenburg.com
- P3 Günderodehaus, Siebenjungfrauenblick, 55430 Oberwesel, 06744/714011, www.guenderodehaus.de
- P4 Loreleyblick Maria Ruh, Loreleystraße 20, 55430 Urbar, 06741/9811599, www.maria-ruh.de
- Landgasthof Rebstock, An der Bach 3, 56329 St. Goar-Biebernheim, 06741/9800337, www.landgasthof-rebstock.com
- P5 Hotel Schloss Rheinfels u.a. mit Burgschänke „Der Landgraf“, Schloßberg 47, 56329 St. Goar, 06741/802-0, www.schloss-rheinfels.de
- Gastronomie Sankt Goar siehe Tour 6
- Restaurant Café Rheingold, Professor-Müller-Straße 2, 56346 St. Goarshausen, 06771/450, www.rheingold-kaiser.de
- P6 Nassauer Hof Loreley, Bahnhofstraße 22, 56346 St. Goarshausen, 06771/802840, www.nassauer-hof-loreley.de
- Landgasthof Zum Rosengarten, Jahnstraße 12, 56348 Bornich, 06771/2624
- P9 Am Mythischen Fels, Loreley 7, 56348 Bornich, 06771/9344190, www.am-mythischen-fels.com
- Café Restaurant Loreley, Rheinstraße 18, 56346 St. Goarshausen, 06771/951220, www.cafe-restaurant-loreley.de

- Rheingoldbad, Aussiedlung Rheingoldbad, 56329 St. Goar-Werlau, 06741/7448, www.hunsrueckmittelrhein.de

Tour Code: **BT9X71X** (www.wander-touren.com)

Direkt zum Startpunkt mit scan to go®

08 Mittelrhein-Hunsrück-Tour 2

Die Runde verbindet auf dem Hunsrück-, Schinderhannes- und Rheinradweg die Hunsrückstädte Simmern und Kastellaun mit den am Rhein gelegenen Orten Oberwesel und Bacharach. Der Streckenabschnitt von Pfalzfeld nach Oberwesel ist nicht als Themenradweg beschildert.

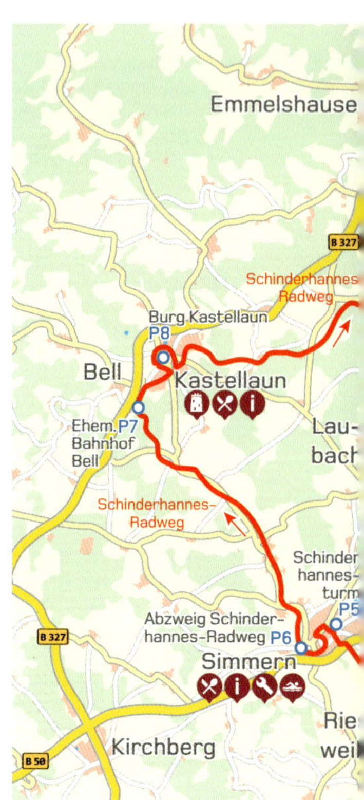

Start/Ziel: Bf. Bacharach, Mainzer Straße 11, 55422 Bacharach

N 50° 03' 22.4'' E 7° 46' 09.6''

Anfahrt: B 9 am Rhein entlang bis Bacharach, durch einen der Stadtmauerdurchbrüche weiter in die Innenstadt zur Oberstraße/ Mainzer Straße

Parkplatz: Parkplätze in der Mainzer Straße südlich des Bahnhofs oder Parkplätze im Strandbadweg (Parallelstraße zur B 9) auf Höhe des Campingplatzes Sonnenstrand

Zug: MittelrheinBahn RB 26 Köln Messe/Deutz und Köln Hbf - Mainz Hbf bis Bahnhof Bacharach

Variante kurz: 

35.4 km 2h 55min 660 ↑ ↓ 660

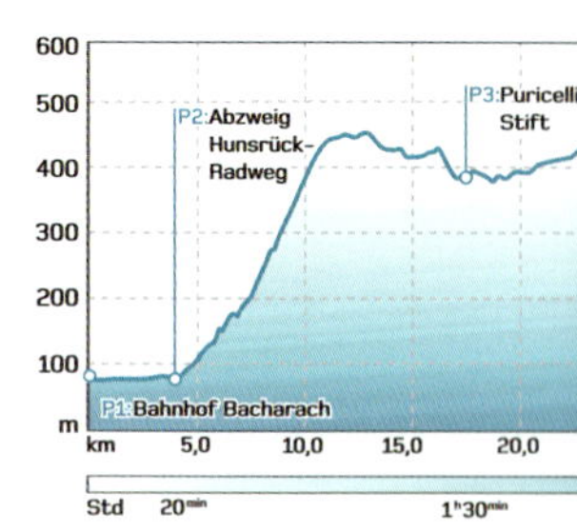

88.5 km	7h 25min	1215 ↑	1215 ↓	Anspruch

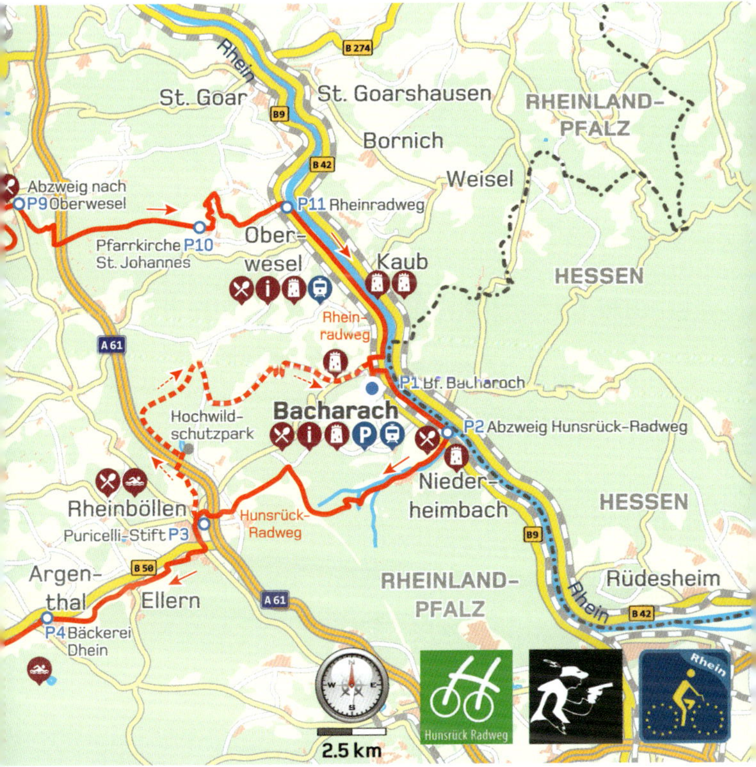

Rhein
B 274
St. Goar
St. Goarshausen
B9
Bornich
RHEINLAND-PFALZ
B 42
Weisel
Abzweig nach
P9 Oberwesel
P11 Rheinradweg
Pfarrkirche P10
St. Johannes
Ober-wesel
Kaub
HESSEN
Rhein-radweg
A 61
P1 Bf. Bacharach
Hochwild-schutzpark
Bacharach
P2 Abzweig Hunsrück-Radweg
Nieder-heimbach
Rheinböllen
HESSEN
Puricelli-Stift P3
Hunsrück-Radweg
B9
Argen-thal
B 50
RHEINLAND-PFALZ
Rüdesheim
Ellern
A 61
Rhein
B 42
P4 Bäckerei Dhein
Hunsrück Radweg
Rhein
2.5 km

äckerei
hein
P6: Abzweig Schinderhannes-Radweg
P7: Ehem. Bahnhof Bell
P9: Abzweig nach Oberwesel
P10: Pfarrkirche St. Johannes
P5: Schinderhannesturm
P8: Burg Kastellaun
P11: Rhein-radweg
P1: Bahnhof Bacharach
30,0
35,0
40,0
45,0
50,0
55,0
60,0
65,0
70,0
75,0
80,0
85,0
88,5
4h
4h15min
5h30min
6h15min
6h45min
7h25min

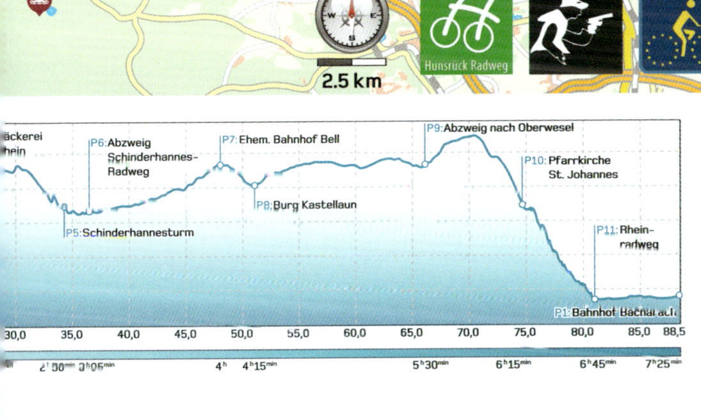

Rhapsodie in Grün

P1
Start

Los geht es am **Bahnhof Bacharach (P 1)**. Für die **Langstrecke** gönnt man sich am besten zwei Tage mit Übernachtung in Simmern oder Kastellaun. Der Rheinradweg von Bacharach nach Niederheimbach eignet sich hervorragend zum Einrollen. Die Route führt direkt am Rheinufer entlang, eine Etage darüber verläuft der Bahndamm mit der Eisenbahn. Nach Campingplatz und Kleingartenanlage bieten sich herrliche Picknickplätze am Ufer. Während der Saison und speziell an Wochenenden herrscht jedoch reger Betrieb.

Der Blick auf den Rhein und hinüber auf die andere Flussseite verführen zum Träumen. Doch aufgepasst, die Regenablaufrinnen auf dem Radweg bergen eine gewisse Sturzgefahr! Ein erster Hingucker ist Ruine Fürstenberg, die bei Rheindiebach malerisch oberhalb der Weinberge am Hang liegt. Ein Stück stromaufwärts lugt die Heimburg, die vielleicht unauffälligste Burg im Mittelrheintal, über den Häusern von Niederheimbach hervor.

P2
4.0 km
20min

Am Rheinufer von Niederheimbach erreichen wir den Abzweig des **Hunsrück-Radwegs (P 2)** und können noch einmal das Rheinpanorama genießen, ehe die Berg- und Talfahrt über die Hunsrückhöhen beginnt. Zunächst passieren wir auf der Straße nach Oberheimbach das beliebte Hotel Restaurant Weinberg Schlösschen. In Oberheimbach folgt eine schmale Ortsdurchfahrt, ehe die Straße nach der Kirche für den Autoverkehr gesperrt ist. Vor uns liegt ein herrlicher Wiesengrund mit Streuobstbestand, eingebettet in ehemalige Weinberghänge.

Nach der Betriebsamkeit im Rheintal umgibt uns himmlische Ruhe. Zudem haben wir den Radweg fast für uns alleine. Die Strecke steigt Meter um Meter an, so dass uns der Schweiß auf der Stirn steht, bis wir auf der offenen Hunsrückhochfläche mit Wiesen, Weiden, Ackerland und etlichen Windrädern ankommen. Danach passieren wir am Ortsrand von Dichtelbach das Römerstadion und können uns am Anblick der Ausläufer des Soonwalds erfreuen. Nach einer Straßenabfahrt zweigt vor dem Ortszentrum von Rheinböllen die **Kurzstrecke** ab (Beschilderung Emmelshausen/Kastellaun).

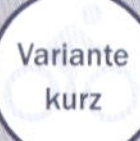
Variante kurz

*Einen Höhepunkt der **Kurzstrecke** bietet der Abstecher zum Tierpark Rheinböllen. Es folgt ein Schotterweg entlang der A 61, vorbei an dem eingezäunten Rastplatz Struth. Danach verlassen wir den ausgeschilderten Radweg und folgen einem kerzengeraden Forstweg durch ein Naturschutzgebiet mit Wildruhezonen. Von der K 87 können wir den Panoramablick auf das Rheintal und die umliegenden Höhenzüge genießen, ehe wir über Breitscheid auf einer Serpentinenstrecke ins Tal sausen. In Steeg beeindruckt der Blick auf die Burgruine Stahlberg, bevor wir nach Bacherach zurückkehren.*

P3
17.5 km
1h 30min

Auf der **Langstrecke** ist in Rheinböllen das **Puricelli-Stift (P 3)** einen kurzen Abstecher wert. Die Kapelle des Stifts ist ein Juwel neugotischer Baukunst. Einen Steinwurf entfernt lockt im Schatten der evangelischen Kirche der Pfarrgarten. In der Sommersaison ist das Pfarrgarten-Café am Wochenende von 14 bis 18 Uhr geöffnet. Ein wunderbarer Ort für ein Päuschen. Der folgende Routenabschnitt führt am Ortsrand durch ein Gewerbegebiet und ist nicht sonderlich attraktiv.

Danach geht es über weite Feldflächen. Im Frühling ist die Fahrt besonders schön, wenn wir durch ein Meer knallgelber Rapsblüten radeln. Via Ellern strampeln wir nach Argenthal und passieren am Ortsrand die Gleise der Hunsrückquerbahn. Die Reaktivierung der Strecke wird heiß diskutiert. Wir können uns im Stammhaus der **Bäckerei Dhein (P 4)** stärken, ehe der

P4
26.4 km
2h 10min

Radweg links abzweigt. An heißen Sommertagen bietet sich ein Abstecher (nicht im Track aufgenommen) zum Waldsee Argenthal an.

Bei Gegenwind hat man auf der welligen, freien Hochfläche ganz schön zu kämpfen. Nach Riesweiler passieren wir eine Kuppe und können sodann die Abfahrt nach Simmern genießen. Die Stadt liegt im Herzen des Hunsrücks und gilt mit ihren rund 8.000 Einwohnern als „Hunsrück-Metropole“. Das Wahrzeichen der Stadt ist der **Schinderhannesturm (P 5)**. Vor dem ehemaligen Gefängnisturm zeigt eine Skulptur den Schinderhannes mit seinem Kumpan beim Schweinediebstahl.

P5
34.1 km
2h 50min

Der berühmt-berüchtigte Räuber Johannes Bückler alias Schinderhannes war eine Art deutscher Robin Hood, ein Verbrecher mit Köpfchen. Die armen Leute ließ er in Ruhe und sorgte dafür, dass bei seinen Beutezügen niemand getötet wurde. Der Name Schinderhannes bezieht sich auf den Berufsstand seines Vaters, der als Abdecker, bzw. Schinder, tätig war. 1799 gelang Schinderhannes die spektakuläre Flucht aus dem Simmerner Gefängnisturm. Nach seiner erneuten Verhaftung wurde er 1803 in Mainz auf der Guillotine hingerichtet.

Die Gastronomie der Hunsrück-Metropole bietet sich für eine Verpflegungspause an. Zudem lohnt sich der Besuch des Hunsrück-Museums. Es befindet sich gemeinsam mit der Tourist-Info im Neuen Schloss. Nach Simmern zweigt der

Pfarrgarten-Café Rheinhöllen

P6
36.5 km
3h 05min

Schinderhannes-Radweg (P 6) vom Hunsrück-Radweg ab, auf dem wir unsere Fahrt fortsetzen. Der Radweg nutzt die Trasse der ehemaligen Hunsrückbahn und zieht sich als grünes Band in weiten Schleifen durch die idyllische Landschaft.

Im Gegensatz zu dem anspruchsvollen Hunsrück-Radweg ist die Fahrt eine regelrechte Wohltat. Der Bahntrassenradweg bietet Genussradeln auf Asphaltuntergrund, ohne Autoverkehr und dank Büschen und Bäumen ist die Strecke wind- und sonnengeschützt. Dass wir auf einer ehemaligen Bahntrasse unterwegs sind, wird an Eisenbahnrelikten wie dem ehemaligen **Bahnhof Bell (P 7)** deutlich. Nach der Kuppe bei Bell rollen wir der Burgstadt Kastellaun entgegen.

P7
48.0 km
4h 15min

Der Abstecher in die Altstadt von Kastellaun zählt, dank vieler liebevoll restaurierter Fachwerkhäuser und der eindrucksvollen **Burg Kastellaun (P 8)**, zu den Highlights der Tour. Die Burg stammt aus dem 13. Jhd. und diente den Grafen von Sponheim als Residenz. Heute ist in der Unterburg ein Museum untergebracht. Sowohl Simmern wie auch Kastellaun eignen sich zur Übernachtung. Es gibt gute Hotels, feine Lokale und wir können abends in Ruhe durch die Gassen schlendern und die Atmosphäre genießen. Am nächsten Tag setzen wir die Fahrt auf dem Schinderhannes-Radweg beim Busbahnhof Kastellaun fort.

P8
51.0 km
4h 15min

Mit Kilometersteinen, dem ehemaligen Bahnhof Ebschied und der roten Lok bei Lingerhahn begleiten Relikte der Hunsrückbahn unseren Weg nach Pfalzfeld. Dort bietet sich die Erlebnisgastronomie Gleis 3 mit Blick auf den Wasserturm Pfalzfeld für ein Päuschen an. Nach dem ehemaligen Bahnhof verlassen wir den Schinderhannes-Radweg an der **Abzweigung nach Oberwesel (P 9)**. Ein paar Meter entfernt wird bei einer Traumliege der Blick auf Pfalzfeld durch einen riesigen Bilderrahmen in Szene gesetzt. Ein Sträßchen führt uns nach Nenzhäuserhof, wo der Asphalt endet. Wir queren die A 61 und erreichen im Oberweseler Stadtwald den höchsten Punkt.

P9
66.0 km
5h 30min

Es folgt eine schnurgerade Abfahrt auf einer geschotterten Forststraße. Bei Nässe ist Vorsicht geboten! Mitten im Wald

Schinderhannesturm

Schinderhannes-Radweg

In Kastellaun

Burg Kastellaun

Oberwesel: Stadt der Türme

P10
74.7 km
6h 15min

passieren wir den ehemaligen Marktplatz Sankt Aldegundis. Hier befanden sich einst eine Wallfahrtskirche und Einsiedelei. Die Abfahrt setzt sich bis Damscheid fort, wo wir an der mächtigen **Pfarrkirche St. Johannes** (**P 10**) vorüberrollen. Weiter geht es auf einem Sträßchen in Richtung Niederburg. Nach einer Serpentine folgt der Abzweig ins Niederbachtal. Dort führt eine schmale Piste (auf Gegenverkehr achten!) mit teils aufgebrochenem Straßenbelag durch das enge Mühlental hinab zum Rhein.

P11
80.9 km
6h 45min

Im Tal angekommen, lohnt sich ein Stadtbummel durch Oberwesel. Ein besonderes Highlight der Stadt der Türme und des Weins ist die begehbare Stadtmauer. Für den Rundgang durch den Weinort stellen wir die Räder beim Gasthaus Goldener Pfropfenzieher ab. Zurück auf dem Sattel treffen wir am Rheinufer auf den **Rheinradweg** (**P 11**) und setzen die Fahrt stromaufwärts fort. Nach dem eindrucksvollen Blick auf die Burgruine Schönburg steuern wir auf Burg Pfalzgrafenstein zu. Die auch „Pfalz bei Kaub" genannte Zollburg wurde mitten im Rhein auf einem Felsenriff erbaut. Das Panorama mit Rhein, Burg Pfalzgrafenstein sowie der Stadt Kaub mit Burg Gutenfels bieten Rheinromantik wie sie schöner nicht sein kann!

P1/Ziel
88.5 km
7h 25min

Vielleicht doch. Der Anblick von Bacharach mit Burg Stahleck ist ebenso imposant. Die Weinstadt Bacharach gilt als heimliches Zentrum der Rheinromantik. Bacharach beeindruckt mit seinen Gassen und lauschigen Winkeln, viel Fachwerk, seinen Kirchen, der Ruine der Wernerkapelle und einer weithin intakten Stadtmauer mit Türmen und Wehrgängen, die wir auf dem Stadtmauerrundweg erkunden können. Und über der Stadt thront Burg Stahleck, die als Jugendherberge genutzt wird. Für den Tourenausklang bietet Bacharach ein reiches gastronomisches Angebot, ehe wir zum Ausgangspunkt am **Bahnhof Bacharach** (**P 1/Ziel**) zurückkehren.

Fazit

Lang- und Kurzstrecke sind Geheimtipps abseits des Trubels. Wer sich für Sehenswürdigkeiten Zeit nimmt, sollte für die Langstrecke zwei Tage einplanen und in Simmern oder Kastellaun übernachten.

TourTipps

- Tourist-Info Bacharach, Oberstraße 10, 55422 Bacharach, 06743/919303, www.rhein-nahe-touristik.de
- Tourist-Info Simmern-Rheinböllen im Neuen Schloss, Schlossplatz 4-8, 55469 Simmern, 06761/837-296, www.sim-rhb.de
- Tourist-Info Kastellaun, Marktstraße 16, 56288 Kastellaun, 06762/401873 und 401698, www.kastellaun.de

- Gastronomie Oberheimbach und Rheinböllen siehe Tour 11
- Tierpark Rheinböllen, Am Tierpark 1, 55494 Rheinböllen, 06764/899450, www.tierpark-rheinboellen.de
- P4 Bäckerei Dhein, Simmerner Straße 16, 55496 Argenthal, 06761/5903, www.baeckerei-dhein.de
- AVA Arthouco Studio & Café, Marktstraße 56, 55469 Simmern, 06761/9757247 und 01522/3076737, www.avaarthouse.com
- GiGi's, Schlossstraße 7, 55469 Simmern, 06761/901832, www.gigis-pizzeria.de
- P6 Hotel Restaurant Bergschlößchen, Nannhausener Straße 4, 55469 Simmern, 06761/9000, www.hotel-bergschloesschen.de
- Eiscafé Riviera, Spesenrother Weg 49, 56288 Kastellaun, 06762/409140, www.riviera-kastellaun.de
- Altes Stadttor, Marktstraße 4a, 56288 Kastellaun, 06762/93130, www.altesstadttor.de
- Café Maull, Marktstraße 4, 56288 Kastellaun, 0174/3195342
- P8 Taverne auf Burg Kastellaun, Schlossstraße 13, 56288 Kastellaun, 06762/963238, www.taverne-kastellaun.de
- BurgStadt Hotel mit Restaurant AFRODITI, Südstraße 34, 56288 Kastellaun, 06762/4080-180, www.burgstadt.de
- Gastronomie Pfalzfeld, Oberwesel siehe Tour 6 und Gastronomie Bacharach siehe Tour 9

- Radsport Kipp, Koblenzer Straße 72, 55469 Simmern, 06761/9299996, www.radsport-kipp.de

- Freizeitbad Rheinböllen, siehe Tour 11
- Naturfreibad Simmern, Am Naturfreibad 1, 55469 Simmern, 06761/908069, www.naturfreibad-simmern.de

Tour Code: **BT9X8X9** (www.wander-touren.com)

Direkt zum Startpunkt mit scan to go®

09 Flaschenhals-Runde

Die Route verbindet in einem besonders spektakulären Abschnitt des Mittelrheintals, dank der Fähren Niederheimbach-Lorch und Kaub-Engelsburg, eine Radrunde auf der linken mit einer auf der rechten Rheinseite. Die Langstrecke bindet zusätzlich Oberwesel in die Tour ein.

Start/Ziel: Bf. Bacharach, Mainzer Straße 11, 55422 Bacharach

N 50° 03' 22.4'' E 7° 46' 09.6''

Anfahrt: B 9 am Rhein entlang bis Bacharach, durch einen der Stadtmauerdurchbrüche weiter in die Innenstadt zur Oberstraße/Mainzer Straße

Parkplatz: Parkplätze in der Mainzer Straße südlich des Bahnhofs oder Parkplätze im Strandbadweg (Parallelstraße zur B 9) auf Höhe des Campingplatzes Sonnenstrand

Zug: MittelrheinBahn RB 26 Köln Messe/Deutz und Köln Hbf - Mainz Hbf bis Bahnhof Bacharach

Variante kurz: 

26.2 km 2h 10min 330 ↑ ↓ 330

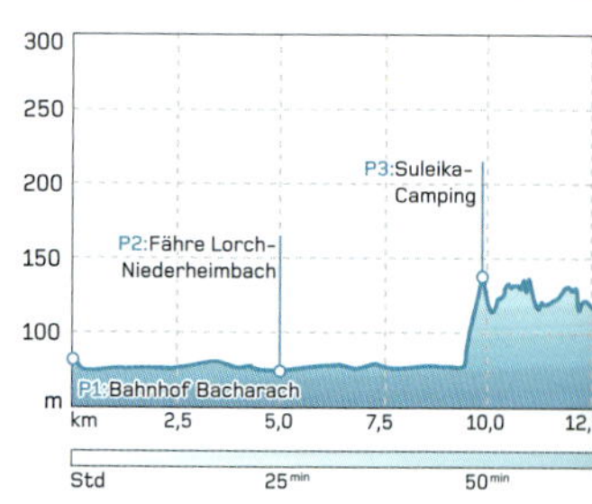

44.4 km | 3h 40min | 1085 ↑ | 1085 ↓ | Anspruch

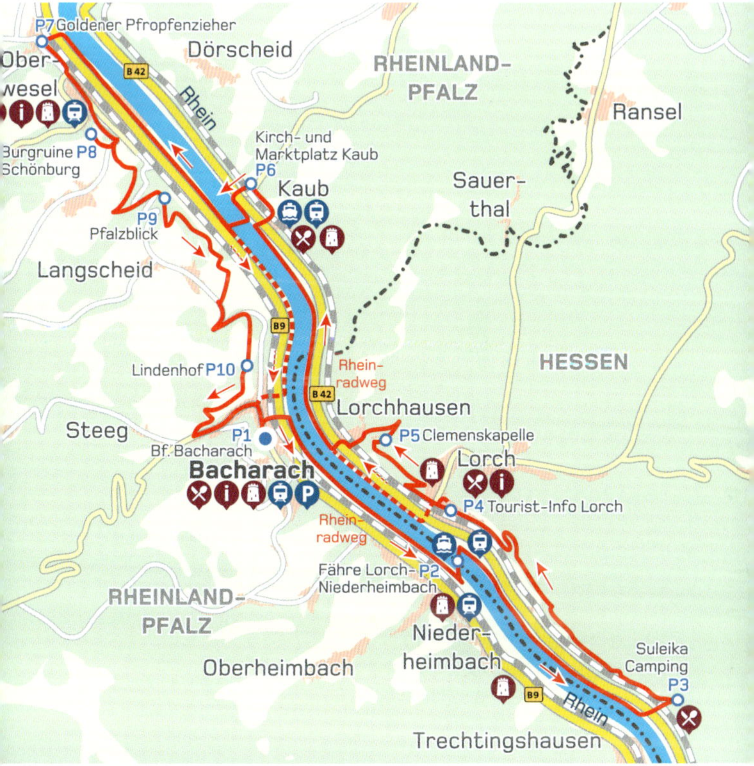

P7 Goldener Pfropfenzieher
Dörscheid
Ober-
wesel
B 42
Rhein
RHEINLAND-
PFALZ
Ransel
Burgruine P8
Schönburg
Kirch- und
Marktplatz Kaub
P6
Kaub
Sauer-
thal
P9
Pfalzblick
Langscheid
B9
Lindenhof P10
Rhein-
radweg
HESSEN
B 42
Lorchhausen
Steeg
P1
Bf. Bacharach
P5 Clemenskapelle
Lorch
Bacharach
P4 Tourist-Info Lorch
Rhein-
radweg
Fähre Lorch- P2
Niederheimbach
RHEINLAND-
PFALZ
Nieder-
heimbach
Suleika
Camping
P3
Oberheimbach
B9
Rhein
Trechtingshausen

4:Tourist-Info Lorch
P9:Pfalzblick
P10:Lindenhof
P5:Clemenskapelle
P8:Burgruine Schönburg
P7:Goldener
Pfropfenzieher
P6:Kirch- und
Marktplatz
Kaub
P1:Bahnhof Bacharach
17,5
20,0
22,5
25,0
27,5
30,0
32,5
35,0
37,5
40,0
42,5
44,4
1h30min
2h
2h30min
2h40min
3h
3h15min
3h40min

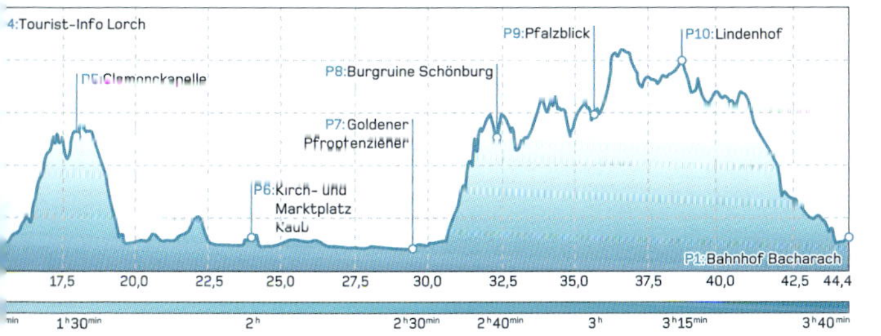

Heimat-Geschichten

Unsere Tour beginnt am **Bahnhof Bacharach (P 1)**. Da die Strecke nur im Rheintal ausgeschilderte Radwege nutzt, ist ein Bike-Navi oder Smartphone-Navi zur sicheren Orientierung absolut empfehlenswert.. Der direkt am Ufer verlaufende Rheinradweg ist hervorragend zum Einrollen geeignet und bietet zudem herrliche Flusspanoramen und nette Picknickplätze. Während der Saison und speziell an den Wochenenden ist der Radweg jedoch rege frequentiert. In Niederheimbach erwartet uns die erste von zwei Fährfahrten. Bei extremem Hoch- oder Niedrigwasser wird der Fährverkehr allerdings eingestellt.

P1
Start

Der Rhein bildet die Landesgrenze, so dass uns die **Fähre Niederheimbach-Lorch (P 2)** von Rheinland-Pfalz nach Hessen befördert. Jede Fährfahrt ist etwas Besonderes, vermittelt Urlaubsgefühle und ermöglicht vom Wasser aus neue Perspektiven. Am Fähranleger Lorch fällt das Schild „Historischer Freistaat Flaschenhals 1919-1923" ins Auge. Die vierjährige Existenz des Freistaats, dessen „Staatsgebiet" dem Hals einer Weinflasche ähnelte, ergab sich in Folge des 1. Weltkriegs.

P2
5.0 km
25 min

Die Siegermächte richteten rechts des Rheins Besatzungszonen ein. Durch einen Irrtum berührten sich, die mit Halbkreisen gezogene amerikanische und französische Zone, statt sich zu überlappen. Das unbesetzte Gebiet, in Form eines Flaschenhalses, zwischen den Besatzungszonen war „Niemandsland". So entstand entlang des Rheins, abgeschnitten vom übrigen deutschen Staatsgebiet, um die Städte Kaub und Lorch ein winziger Freistaat, der bis hinein in die Höhenzüge des Westtaunus reichte.

Da der Güter- und Warenaustausch weitgehend lahmgelegt war, blühte die Schmuggelei. Aus dem besetzten Rheingau lagerte man Wein im sicheren Freistaat ein, im Flaschenhals wurde mit Freistaatgeld bezahlt und der Verwaltung stand der Lorcher Bürgermeister vor. Zur Förderung von Tourismus und Weinbau wurde vor rund 50 Jahren der Freistaat Flaschenhals „wiederbelebt". Wie wäre es mit ein paar Flaschen Wein mit Freistaat-Etikett für zu Hause oder mit dem Freistaat Flaschenhals Reisepass als Souvenir?

Traumblick ins Rheintal

P3
9.9 km
50 min

2023 ist der „Rheingau-Radweg“ zwischen Lorch und Rüdesheim entlang des Rheins und der B 42 nach jahrelanger Bauzeit fertiggestellt worden. Wir nutzen den neuen Radweg vom Fähranleger bis zum südlichen Wendepunkt unserer Tour beim Abzweig **Suleika Camping (P 3)**. Umgeben von Weinbergen und Wäldern zieht sich der terrassierte Naturpark und Campingplatz den Hang hinauf. Für das leibliche Wohl sorgt die Trattoria Suleika. Anschließend radeln wir quer zum Hang durch die herrliche Weinberglandschaft. Ein toller Weg, der einen sonnigen Tag mit guter Fernsicht verdient.

Auf der anderen Rheinseite liegt in Nachbarschaft eines mächtigen Steinbruchs Burg Sooneck. Von einer Traumliege können wir das herrliche Flusspanorama mit Raubritterburg und der Rheininsel Lorcher Werth genießen. Ab dem Bächergrund am Ortsrand von Lorch nutzen wir einen ruppigen Weinwanderweg, der nicht jedermanns Sache ist. Wer den Abschnitt umfahren will, kann auf den Binger Weg entlang der Bahntrasse ausweichen. Nach einem Kapellchen führt die Route in zwei Serpentinen vorbei am Weingut Wurm nach Lorch.

Dort kommen wir am Lorcher Hilchenhaus, dem bedeutendsten Renaissancebau des Mittelrheintals, vorbei. Das imposante Gebäude mit seiner rot-weißen Schaufassade beherbergt die **Tourist-Info Lorch (P 4)**, eine kleine Vinothek und das Restaurant Hilchenkeller. Anschließend sollten wir uns den Abstecher

Kirch- und Marktplatz Kaub

Blücherdenkmal

Hilchenhaus

Kapellchen in den Weinbergen

zum Marktplatz und zu der imposanten Pfarrkirche St. Martin gönnen. Neben dem Hilchenhaus ist der holzgeschnitzte Hochaltar im Inneren der Kirche die Hauptsehenswürdigkeit von Lorch. Nach der Steinernen Brücke haben wir die Wahl zwischen **Kurz**- und **Langstrecke**.

*Während die **Kurzstrecke** den Rheinradweg nutzt, wo wir ganz entspannt flussabwärts über Lorchhausen nach Kaub radeln können, führt die **Langstrecke** zurück in die Weinberge.*

Variante kurz

In Serpentinen arbeiten wir uns den Hang unterhalb der Burgruine Nollig hinauf, ehe wir auf Weinbergwegen quer zum Hang weiterfahren. Traumhafte Blicke hinab ins Rheintal begleiten den Weg zur **Clemenskapelle (P 5)**, die auf einem Vorsprung oberhalb von Lorchhausen liegt. Von der Bruchstein-kapelle rollen wir in den Ort hinunter und treffen am Rhein auf die **Kurzstrecke**. Auf Höhe des Niederbachtals passieren wir die Landesgrenze und sind zurück in Rheinland-Pfalz.

P5
18.0 km
1h 30min

Der Rheinradweg bietet vor Kaub einen herrlichen Blick auf Burg Pfalzgrafenstein, die auf einem Felsenriff mitten im Rhein thront. Das „Bollwerk im Strom" war für die Rheinromantiker, wie den englischen Maler William Turner, ein Quell der Inspiration. In der Ausbuchtung des Radwegs auf Höhe des Bahnhofs

Pegelturm Kaub

Blick auf Burg Pfalzgrafenstein

befindet sich Standort 18 der Turner-Route. Die Pfalz bei Kaub ist eines der meistfotografierten Motive des Mittelrheintals.

Burg Pfalzgrafenstein wurde 1327 als Wachstation erbaut, war über Jahrhunderte bis 1876 eine der lukrativsten Zollstationen am Rhein und diente anschließend der Rheinschifffahrt als Signalstation. Heute befindet sich die Burg im Besitz des Landes Rheinland-Pfalz, kann besichtigt werden und ist von Kaub aus mit einem kleinen Fährboot zu erreichen. Die Pfalz bei Kaub schrieb in der Neujahrswoche 1814 Geschichte, als der preußische Feldmarschall Blücher mit seiner Armee hier den vereisten Rhein überquerte, um die Truppen Napoleons bis Paris zu verfolgen.

Kaub ist mit rund 830 Einwohnern die kleinste Stadt in Rheinland-Pfalz. Mit einer historischen Altstadt, dem überbauten Wehrgang auf der ehemaligen Stadtmauer, der Doppelkirche St. Trinitatis und St. Nikolaus sowie dem Blüchermuseum und -denkmal am Rhein gibt es zahlreiche Sehenswürdigkeiten. Kaub ist auch als Lotsenstadt bekannt. Schließlich waren es Lotsen aus Kaub, die Blücher über den Rhein geleiteten. Die Blücherstadt wird überragt von der imposanten Burg Gutenfels. Kaub bietet sich für eine Verpflegungspause an, ehe wir vom **Kirch- und Marktplatz (P 6)** die Fähre Kaub-Engelsburg ansteuern. Nach der Überfahrt mit der Fähre trennen sich **Kurz**- und **Langstrecke** erneut.

P6
24.1 km
2h

Variante kurz

*Während die **Kurzstrecke** dem Rheinradweg flussaufwärts zum Start der Tour nach Bacharach folgt, setzt sich die **Langstrecke** in die entgegengesetzte Richtung fort.*

Am Ortsrand von Oberwesel bestimmt die Schönburg den Rheinhang. Die Stadt der Türme und des Weins beeindruckt mit ihrer mittelalterlichen Kulisse und feiert alle zwei Jahre das „Mittelalterliche Spectaculum“, bei dem die Welt des Mittelalters lebendig wird. Oberwesel ist nördlicher Wendepunkt unserer Tour. Vom **Gasthaus Goldener Pfropfenzieher (P 7)** aus können wir die begehbare Stadtmauer mit ihren Wehrtürmen erkunden.

P7
29.5 km
2h 30min

Schönburg

Bacharach Impressionen

P8
32.3 km
$2^{h}\,40^{min}$

Nach einem Einkehrschwung erwartet uns der steile Serpentinenanstieg zur **Schönburg (P 8)**, deren Geschichte in die erste Hälfte des 12. Jhd. zurückreicht. Die Steigung hat es in sich, doch die Mühe lohnt sich. Oben angekommen erwartet uns eine großartige Burg, die von 1885 bis 1901 nach alten Plänen von dem Deutsch-Amerikaner Oakley Rhinelander wiederaufgebaut wurde. Innerhalb der Burgmauern können wir uns auf die grandiose Aussicht von der Plattform des Turmmuseums freuen und uns im Bistro des Burghotels stärken.

Nach der Burgbesichtigung müssen wir ein paar Meter zurückfahren und biegen in der letzten Kehre des Anstiegs in den Weinberghang ab. Der Blick in Richtung Burg Pfalzgrafenstein sucht seinesgleichen. Auf Weinbergwegen geht es in das Engebachtal hinab, ehe wir auf der anderen Hangseite den **Pfalzblick (P 9)** ansteuern. Achtung: Die Strecke ist anspruchsvoll und führt teils über Schotterwege!

P9
35.6 km
3^{h}

P10
38.6 km
$3^{h}\,15^{min}$

Durch Wald, Felder und Wiesen mit einzelnen Streuobstbeständen radeln wir zu dem herrlich gelegenen **Lindenhof (P 10)** der Familie Oldach mit eigenem Hofcafé. Nach einer Senke geht es teils durch Weinberge, ehe sich uns von einem Aussichtspunkt ein traumhafter Blick auf Bacharach und Burg Stahleck bietet.

Danach sind wir rasch nach Bacharach hinuntergerollt. Die heimliche Hauptstadt der Rheinromantik imponiert neben Burg Stahleck mit ihren Gassen, Fachwerkhäusern, Kirchen, der Ruine der Wernerkapelle und einer Stadtmauer mit Türmen und Wehrgängen. Zudem bietet Bacharach reichlich Gastronomie, ehe die Tour am **Bahnhof Bacharach (P 1/Ziel)** endet.

In Bacharach

P1/Ziel
44.4 km
$3^{h}\,40^{min}$

Eine grandiose Entdeckungsreise sowohl auf der linken, wie auf der rechten Rheinseite in Rheinland-Pfalz, Hessen und der Republik Flaschenhals. Die wundervollen Panoramablicke verdienen schönes Wetter und gute Fernsicht.

TourTipps

- Tourist-Info Bacharach, Oberstraße 10, 55422 Bacharach, 06743/919303, www.rhein-nahe-touristik.de
- Tourist-Info/Vinothek Lorch (im Hilchenhaus), Rheinstraße 48, 65391 Lorch, 06726/8399249, www.lorch-rhein.de

- Trattoria Suleika, Im Bodental, 65391 Lorch, 01514/6686132, www.weinhausflaschenfals.de
- P4 Restaurant Hilchenkeller, Rheinstraße 48, 65391 Lorch, 06726/6949670, www.restaurant-hilchenkeller.eatbu.com
- Backhaus Laquai, Markt 1, 65391 Lorch, 06726/9437, www.backhaus-laquai,de
- Weinwirtschaft Laquai, Schwalbacher Straße 20, 65391 Lorch, 06726/839213, www.weingut-laquai.de
- Restaurant im Rheintal, Rheinuferstraße 1, 65391 Lorch, 0170/2851449, www.restaurant-imrheintal.de
- Biergarten am Pegelhaus, B 42, 56349 Kaub, 0160/4047683
- Rheinsteig Jugendherberge Kaub, Zollstraße 46, 56349 Kaub, 06774/9181890, www.diejugendherbergen.de
- Hotel Zum Turm, Zollstraße 50, 56349 Kaub, 06774/92200, www.rhein-hotel-turm.de
- P6 Weinbistro kaub-mitte, Marktstraße 5, 56349 Kaub, 06774/918618, www.kaub-mitte.de
- Gastronomie Oberwesel siehe Tour 7
- Kleines Brauhaus auf der Rheinterrasse, Koblenzer Straße 14-20, 55422 Bacharach, 06743/919179, www.rheintheater.de
- Weinstube „Zum Grünen Baum“, Oberstraße 63, 55422 Bacharach, 06743/1208, www.weingut-bastian-bacherach.de
- Hotel Café Burg Stahleck, Blücherstraße 6, 55422 Bacharach, 06743/1388, www.cafe-burg-stahleck.de
- Stübers Restaurant, Langgasse 50, Auf der Stadtmauer, 55422 Bacharach, 06743/1243, www.rhein-hotel-bacherach.de
- Posthof Bacharach, Oberstraße 45, 55422 Bacharach, 06743/9478275, www.posthof-bacherach.de
- Jugendherberge Burg Stahleck mit Biergarten, 55422 Bacharach, 06743/1266, www.diejugendherbergen.de

Tour Code: **BT9X9X8** (www.wander-touren.com)

Direkt zum Startpunkt mit scan to go®

Mittelrheintal

10 Welterbetour 2

Auf der linken Rheinseite radelt man von Bingen, dem Tor zum Mittelrheintal, bis zur Pfalz bei Kaub. Nach der Fährpassage geht es rechtsrheinisch auf dem 2023 neueröffneten Rheinradweg von Kaub nach Rüdesheim, ehe uns die Fähre nach Bingen zurückbringt.

Start/Ziel: Rhein-Nahe-Eck (Aussichtspunkt an der Mündung der Nahe in den Rhein), Bleiche 2, 55411 Bingen am Rhein

N 49° 58' 11.6'' E 7° 53' 23.6''

Anfahrt: A 60 bis Ausfahrt 13 Bingen-Ost, Ausschilderung Fähre Bingen-Rüdesheim auf L 419, Mainzer Straße und Hafenstraße folgen

Parkplatz: Schilder Fähre Bingen-Rüdesheim, bei Hotel Papa Rhein abbiegen, in Hafenstraße parken

Zug: RE 2 Koblenz Hbf - Frankfurt Hbf, RE 17 Koblenz Hbf - Kaiserslautern Hbf, RB 26 Köln Messe/Deutz - Mainz Hbf oder RB 65 Kaiserslautern - Bingen Hbf bis Bingen Hbf

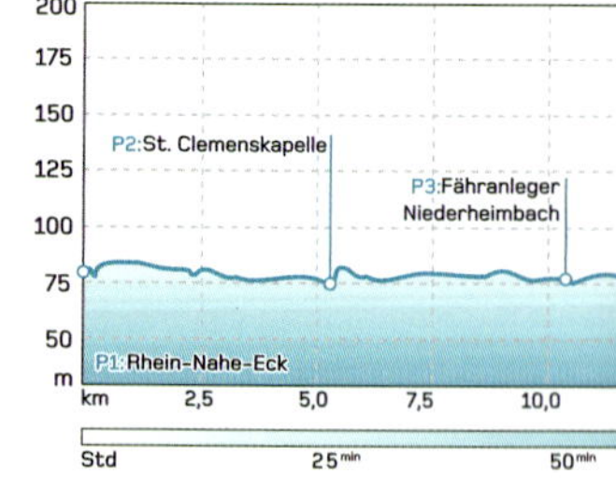

Variante kurz:

25.7 km 2h 10min 120 ↑ ↓ 120

40.3 km	3h 20min	215 ↑	215 ↓	Anspruch

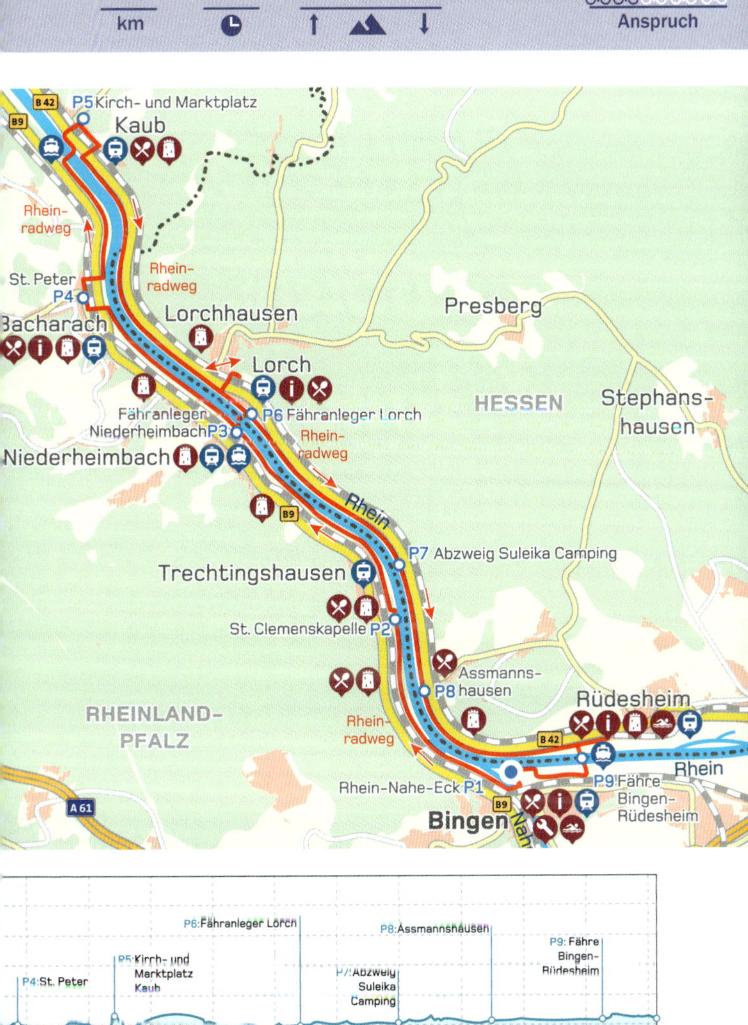

Goldene Rhein-Momente

P1
Start

Wir starten in Bingen am **Rhein-Nahe-Eck (P 1)**, ein wie das Deutsche Eck in Koblenz „magischer“ Ort am Zusammenfluss zweier Ströme, von dem aus sich herrliche Fotomotive mit Rhein, Nahe, Ruine Ehrenfels und dem Binger Mäuseturm bieten. Vom Rhein-Nahe-Eck folgen wir dem Rheinradweg stromabwärts. Bingen ist das südliche Tor zum Welterbe Oberes Mittelrheintal, das sich über 65 Flusskilometer bis Koblenz erstreckt. Nördlich von Bingen zwängt sich der Rhein durch das Binger Loch, eine Engstelle mit einem quer zum Fluss verlaufenden Riff. Im Mittelalter war die Passage so gefährlich, dass Boote entladen und von Land aus gezogen („getreidelt“) werden mussten. Durch mehrere Sprengungen wurde die Fahrrinne bis heute deutlich verbreitert.

Wer am Hauptbahnhof Bingen beginnt, fährt entweder vom Bahnhofsvorplatz über die Nahebrücke zum Rhein-Nahe-Eck, oder rollt auf der Fußgänger-/Radfahrerbrücke über die Bahngleise und steigt beim Park am Mäuseturm in die Tour ein. Niedrigwassertouristen hatten in den letzten Jahren ihre Freude und konnten den Binger Mäuseturm trockenen Fußes erreichen. Inzwischen ist dies jedoch offiziell verboten. Der Binger Mäuseturm wurde um 1300 als Wachturm mitten im Rhein errichtet. Er diente hernach als Zollturm, war schließlich Signalturm für die Schifffahrt und ist heute ein beliebtes Fotomotiv und eines der Wahrzeichen von Bingen. Sein Name leitet sich vom mittelhochdeutschen Wort „musen“ (= wachen) ab. Es gibt jedoch auch die grausame Legende von dem unbarmherzigen Bischof Hatto, der im Turm bei lebendigem Leib von Mäusen aufgefressen worden sein soll.

Die Fahrt auf dem Rheinradweg von Bingen nach Bacharach ist ein Hochgenuss. Der Radweg verläuft direkt am Rheinufer, wo man erfreulich wenig von Eisenbahn und Bundesstraße mitbekommt. Mit den Burgen Rheinstein und Reichenstein thronen zwei Festungen spektakulär am Rheinhang. Beide sind zugänglich und die Burgbesichtigung lohnt sich gleichermaßen. Zur Besichtigung von Burg Rheinstein steigt man von der Schiffsanlegestelle am Radweg zu Fuß zur Burg hinauf. „Zur Begrüßung“ sieht man einen Gefangenenkäfig in luftiger Höhe am Mauerwerk baumeln. Prinz Friedrich von Preußen erwarb

1823 die Ruine der mittelalterlichen Burg, baute sie im Stil der Rheinromantik des 19. Jhd. wieder auf und ließ sein Romantikschloss mit Buntglasfenstern, Wand- und Deckenmalereien, Möbeln und Waffen prunkvoll ausstatten. Die Burggastronomie Kleiner Weinprinz ist ausschließlich Besuchern des Burgmuseums vorbehalten.

P2
5.2 km
25 min

Zurück auf dem Fahrrad passieren wir am Ortsanfang von Trechtingshausen die exponiert am Rhein gelegene **St. Clemenskapelle (P 2)**. Die ehemalige Pfarrkirche und heutige Friedhofskirche entstand im 13. Jhd. und ist weitgehend unverändert erhalten geblieben. Trechtingshausen wird überragt von Burg Reichenstein. Die Burg verdankt der Industriellenfamilie Kirsch-Puricelli ihr heutiges Aussehen, die von 1899 bis 1903 die verfallene Burg in neugotischem Stil wiederaufbaute.

Am Ortsende lädt, direkt am Rheinufer, eine Panoramaschaukel dazu ein, den Schiffsverkehr zu beobachten und die Seele baumeln zu lassen. Nachdem wir uns von der Schaukel losgerissen haben, zieht uns die ehemalige Raubritterburg Sooneck in ihren Bann, die den Rheinhang ziert. Auf unserer Fahrt längs des Rheinufers folgt der **Fähranleger Niederheimbach (P 3)**, wo wir zwischen **Kurz-** und **Langstrecke** wählen können.

Blick auf das Rhein-Nahe Eck

Binger Mäuseturm

St. Clemenskapelle

Fähranleger Niederheimbach

*Auf der **Kurzstrecke** setzen wir nach Lorch und damit nach Hessen über. Der Rhein ist hier Grenzfluss und trennt die Bundesländer Rheinland-Pfalz und Hessen.*

Variante kurz

Wer sich für die **Langstrecke** entscheidet, passiert stromaufwärts Niederheimbach und Rheindiebach mit den Burgen Hohneck und Fürstenberg. Es folgt Bacharach, wo der Radweg entlang der B 9 zwischen Rheinanlagen und Stadtmauer verläuft. Einen Abstecher durch die Altstadt des Weinorts sollten wir uns nicht entgehen lassen, zumal Bacharach mit seinen gemütlichen Weinlokalen für eine Verpflegungspause prädestiniert ist. Neben schmalen Gassen und der Stadtmauer, die sich auf dem Stadtmauerrundweg erkunden lässt, zählen die Ruine der Wernerkapelle und die **Pfarrkirche St. Peter (P 4)** zu den Highlights der Stadt. Nicht zu vergessen Burg Stahleck, die trutzig über Bacharach thront. Wer die Besteigung auf sich nimmt, wird mit einem Sahneblick über das Rheintal belohnt.

P4 14.7 km 1h 15min

Bacharach zählt zu den vier zentralen Standorten der BUGA 2029. Unter dem Motto „Inseln der Poesie“ sind neben der „Bespielung“ der Rheininseln wie der Bacharacher Werth zusätzliche „Inseln“ in der Stadt geplant. Lassen wir uns

Bacharach mit Burg Stahleck

überraschen. Zudem sollen die Rheinanlagen überplant und besser mit der Altstadt verbunden werden. Auf Bacharach folgt mit Burg Pfalzgrafenstein, die auf einem Felsen im Rhein thront, eines der meistfotografierten Motive des Mittelrheintals. Erbaut als Wachturm, dann Zoll- und Signalstation, ist die Burg heute das Ziel von Touristen aus aller Welt. Anschließend beeindruckt die Perspektive vom Fluss aus, wenn wir mit der Fähre Engelsburg-Kaub ans andere Ufer übersetzen.

Auf der rechten Rheinseite heißt uns das Weinstädtchen Kaub willkommen. Der Ort ist durch die Rheinüberquerung des preußischen Feldmarschalls Blücher berühmt geworden, der in der Neujahrswoche 1814 mit seiner Armee hier den vereisten Rhein überquerte, um den fliehenden Truppen Napoleons zu folgen. Das Blücherdenkmal am Rheinufer und das Blüchermuseum in der Altstadt erinnern an dieses historische Ereignis. Kaub bietet sich aufgrund seines gastronomischen Angebots für einen Einkehrschwung an, ehe wir vom **Kirch- und Marktplatz (P 5)** die Rückfahrt antreten.

Zwischen Kaub und Lorch passieren wir auf Höhe der Rheininsel Bacharacher Werth die Landesgrenze von Rheinland-Pfalz und Hessen. Es folgt der imposante Blick über den Rhein hinweg auf Bacharach mit Burg Stahleck. Weiter geht es vorbei an Lorchhausen zum **Fähranleger Lorch (P 6)**, wo die Kurzstrecke zu uns stößt. Ein Schild erinnert an den „Historischen Freistaat

Burg Pfalzgrafenstein

Blick auf Burg Rheinstein

Rheinradweg bei Kaub

Flaschenhals 1919-1923“ (siehe Tour 9), ein bizarres Ergebnis des 1. Weltkriegs. Die Stadt Lorch ist mit dem imposanten Hilchenhaus und der Pfarrkirche St. Martin einen Abstecher (nicht im Track aufgenommen) wert.

Zum Glück ist 2023 der „Rheingau-Radweg“ zwischen Lorch und Rüdesheim entlang des Rheins und der B 42 fertiggestellt worden. Ohne etwas Schmäh geht es aber doch nicht. Bauzeit und Kosten waren immens. In 16 Jahren wurden über 130 Mio. Euro verbaut. Umgerechnet hat jeder Meter Geh- und Radweg den Steuerzahler über 12.000 Euro gekostet. Wegen des schmalen Uferstreifens, in den sich Bahntrasse, Bundesstraße sowie Fuß- und Radweg quetschen, wird der Fuß-/Radweg teils auf Kragarmen über der Uferböschung geführt. Mit Blick auf die Rheininseln Lorcher Werth und die steilen Weinberghänge radeln wir rheinaufwärts und passieren die Abzweigung zum **Suleika Camping (P 7)**.

Am gegenüberliegenden Ufer zieren die einstigen Raubritterburgen Sooneck, Reichenstein und Rheinstein den Hang, eine eindrucksvoller als die andere. Von unserer Rheinseite wirken die Burgen noch imposanter als aus der Nähe. Anschließend bietet sich der malerisch gelegene Ort **Assmannshausen (P 8)** für eine Verpflegungspause an. An der Rheinufersstraße reiht sich Hotel an Hotel, das gastronomische Angebot setzt sich jenseits der Bahngleise in der Niederwaldstraße fort.

P8
33.7 km
2h 50min

Gastronomie in Assmannshausen

Auf dem neuen Radweg

Blick auf den Rheingau mit Rüdesheim

P9
38.1 km
3h 10min

Die nächsten Höhepunkte sind die Blicke auf die Burgruine Ehrenfels und den Binger Mäuseturm, ehe wir die **Autofähre Bingen-Rüdesheim (P 9)** erreichen. Hier müssen wir entscheiden, ob wir gleich mit der Fähre übersetzen, oder Rüdesheim einen Besuch abstatten (nicht im Track aufgenommen). Die Stadt ist ein touristischer Hotspot. Die Drosselgasse zählt jährlich über 3 Millionen Besucher aus aller Welt. Doch Rüdesheim hat auch seine ruhigen Ecken. Das Rheinufer östlich der Stadt soll für die BUGA 2029 komplett neugestaltet werden.

Beim Übersetzen mit der Fähre fasziniert der Blick zurück auf den Rheingau mit Rüdesheim, der Benediktinerabtei St. Hildegard und dem weithin sichtbaren Niederwalddenkmal jedes Mal aufs Neue. Bingen empfängt uns am Fähranleger mit dem hippen Hotel Papa Rhein. Zum Tourenausklang haben wir uns einen guten Tropfen verdient. Im Zuge der Landesgartenschau 2008 wurde das Binger Kulturufer neugestaltet und bietet mit dem Zollamt oder der Vinothek Bingen gute Einkehradressen. Ein paar Meter weiter lockt der Paulaner Biergarten am Palais Bingen, ehe die Tour am **Rhein-Nahe-Eck (P 1/Ziel)** mit einem spektakulären Rundumblick endet.

PS. Wir können die Tour modifizieren, indem wir auf einzelnen Streckenabschnitten auf Ausflugsschiffe oder die Bahn „umsteigen“.

Fazit

Eine Genusstour par excellence. Traumhafte Blicke, herrliche Burgen, tolle Rastplätze, schwindelerregende Weinbergterrassen und Weindörfer mit vorzüglicher Gastronomie. Ob als Kurz- oder Langstrecke ideal für die Familie. Dank Bahn und Schiff ist die Streckenlänge variabel.

Tour Tipps

- Tourist-Info Bingen, Rheinkai 21, 55411 Bingen, 06721/184-200, www.bingen.de
- Tourist-Info Bacharach, Oberstraße 10, 55422 Bacharach, 06743/919303, www.rhein-nahe-touristik.de
- Tourist-Info/Vinothek Lorch (im Hilchenhaus), Rheinstraße 48, 65391 Lorch, 06726/8399249, www.lorch-rhein.de
- Tourist-Info Rüdesheim, Rheinstraße 29a, 65385 Rüdesheim, 06722/90615-0, www.ruedesheim.de

- Gastronomie Bingen siehe Tour 12
- Kleiner Weinprinz (nur für Besucher der Burg Rheinstein), Burg Rheinstein, 55413 Trechtingshausen, 06721/6377, www.burg-rheinstein.de
- P2 Restaurant Puricelli auf Burg Reichenstein, Burgweg 24, 55413 Trechtingshausen, 06721/6117, www.burg-reichenstein.com
- Gastronomie Bacharach, Kaub und Lorch siehe Tour 9 und
- P8 Gastronomie Assmannshausen siehe Tour 13
- RheinWeinWelt, Am Rottland 6, 65385 Rüdesheim, 06722/9440277, www.rheinweinwelt.de
- Restaurant Villa Weil, Rheinstraße 15, 65385 Rüdesheim, 06722/4025970, www.villa-weil.de
- Rüdesheimer Kaffee Haus, Rheinstraße 17, 65385 Rüdesheim, 01575/4171151

- Bike-Service-Bingen, Berlinstraße 19, 55411 Bingen, 06721/4002662, www.bike-service-bingen.de
- Michels Zweiradshop, Saarlandstraße 234, 55411 Bingen, 06721/975621, www.michels-zweiradshop.com

- Naturerlebnisbad Bingen, Wilhelm-Beumer-Weg, 55411 Bingen-Bingerbrück, 06721/32735, www.naturbad.rheinwelle.com
- Asbach-Bad, Kastanienallee 3, 65385 Rüdesheim, 06722/910040, www.asbach-bad.com

Tour Code: **BT91XX7** (www.wander-touren.com)

Direkt zum Startpunkt mit scan to go®

11 Mittelrhein-Soonwald-Runde

Die Route verbindet Soonwald-Tour, Soonwald-Nahe-Tour, Hunsrück- und Rheinradweg zu einer wunderbaren Runde. Vom Hbf Bingen führt die Langstrecke über Stromberg durch den Soonwald. Die Kurzstrecke dient als „Schnuppertour" und Feierabendrunde.

Start/Ziel: Bingen Hbf, Bingerbrücker Straße 1, 55411 Bingen

N 49° 58' 06.6'' E 7° 53' 03.5''

Anfahrt: A 61 bis Ausfahrt 49 Bingen-Mitte, L 400 und B 9/ Koblenzer Straße Richtung Bingerbrück/Bacharach/St. Goar bis Stadtteil Bingerbrück auf Höhe Hbf folgen

Parkplatz: Parkplätze an der B 9/ Koblenzer Straße, Höhe Hbf bzw. in einer der Seitenstraßen (bsp. Prinzenkopfstraße in Bingerbrück)

Zug: RE 2 Koblenz Hbf - Frankfurt Hbf, RE 17 Koblenz Hbf - Kaiserslautern Hbf, RB 26 Köln Messe/ Deutz - Mainz Hbf oder RB 65 Kaiserslautern - Bingen Hbf bis Bingen Hbf

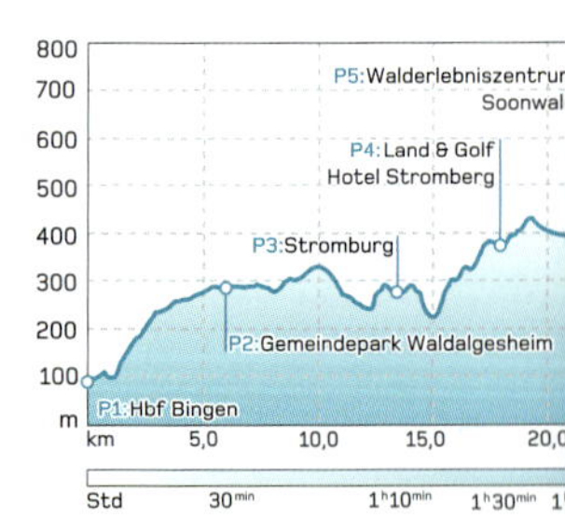

Variante kurz:

32.4 km | 2h 40min | 830 ↑ ↓ 830

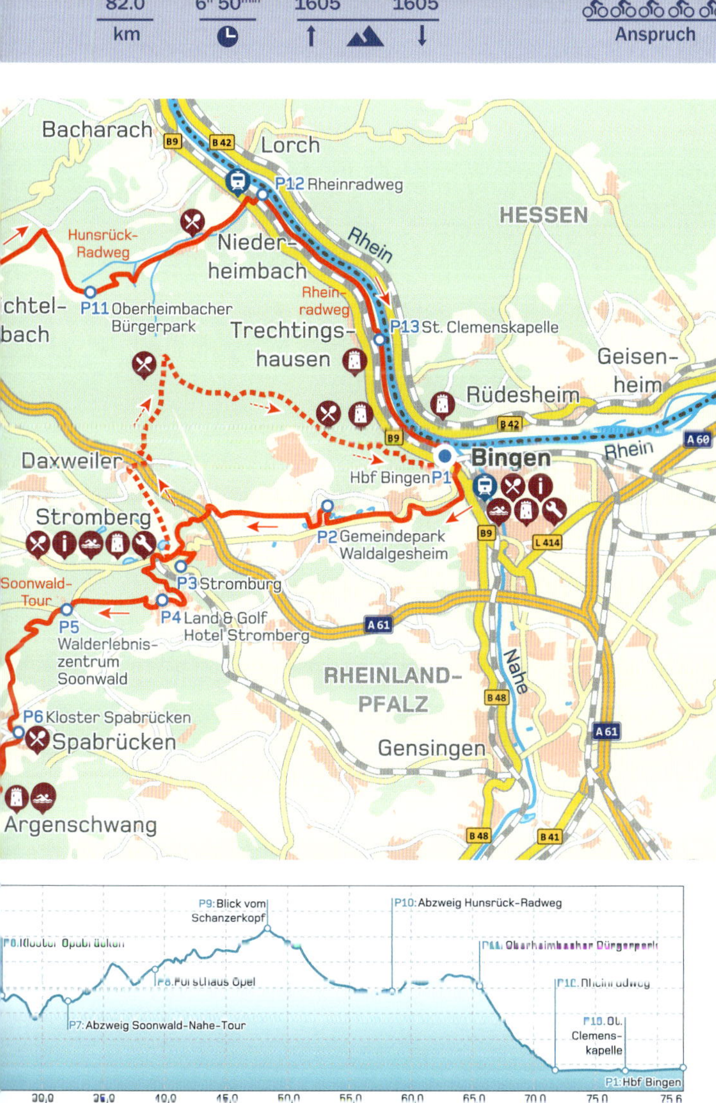

82.0
km
6h 50min
1605
1605
Anspruch
Bacharach
B9
B 42
Lorch
P12 Rheinradweg
HESSEN
Rhein
Hunsrück-
Radweg
Nieder-
heimbach
Rhein-
radweg
chtel-
bach
P11 Oberheimbacher
Bürgerpark
Trechtings-
hausen
P13 St. Clemenskapelle
Geisen-
heim
Rüdesheim
B 42
B9
A 60
Rhein
Bingen
Daxweiler
Hbf Bingen P1
Stromberg
P2 Gemeindepark
Waldalgesheim
B9
L 414
Soonwald-
Tour
P3 Stromburg
P5
Walderlebnis-
zentrum
Soonwald
P4 Land & Golf
Hotel Stromberg
A 61
RHEINLAND-
PFALZ
Nahe
B 48
P6 Kloster Spabrücken
Spabrücken
A 61
Gensingen
Argenschwang
B 48
B 41
P9: Blick vom
Schanzerkopf
P10: Abzweig Hunsrück-Radweg
P7: Abzweig Soonwald-Nahe-Tour
Clemens-
kapelle
P1: Hbf Bingen
40,0
45,0
50,0
55,0
60,0
65,0
70,0
75,0
2h40min
3h15min
4h
4h50min
5h30min
6h
6h25min
6h50min

Kleine Oasen

P1
Start

Los geht es am **Hauptbahnhof Bingen (P 1)**. Wir nutzen den Aufzug am Bahnhofsvorplatz und gelangen über eine Fußgänger-/Radfahrerbrücke in den Stadtteil Bingerbrück, wo wir dem Themenradweg Soonwald-Tour folgen. Die Strecke durch Bingerbrück ist verkehrsreich und nicht sonderlich attraktiv. Das ändert sich im Mühlbachtal. Wir haben zwar einen steilen Anstieg vor der Brust, dafür ist die Landschaft herrlich, rechter Hand ein Weinberghang und links im Dickicht versteckt der Mühlbach.

P2
6.0 km
30 min

Über Weiler bei Bingen gelangen wir entlang der L 214 nach Waldalgesheim, wo sich ein Abstecher vorbei an der Keltenhalle zum **Gemeindepark (P 2)** lohnt. Waldalgesheim liegt in Sichtweite der stillgelegten Grube Amalienhöhe. Schon 1908 wurden im alten Ortskern Bergschäden in Form von Brüchen und Absenkungen sichtbar. Ganze Straßenzüge inklusive zweier Kirchen mussten aufgegeben werden und wurden ab 1910 südlich des alten Ortskerns neu gebaut. Der Streifzug durch den Gemeindepark führt uns durch das „Bruchgelände" vorbei an alten Kirchengrundmauern und durch eine faszinierende Wiesen- und Weiherlandschaft.

Auf der Soonwald-Tour folgt eine Straßenpassage, die in Wald-Erbach an dem Gestüt Schloss Wald-Erbach und, einen Steinwurf entfernt, der beeindruckenden Kapelle St. Pankratius vorbeiführt. Die Kapelle ist wegen ihres besonderen Ambientes ein beliebter Ort für Trauungen. Nach Warmsroth radeln wir unter der A 61 hindurch und können die Abfahrt in das romantische Welschbachtal genießen. Das Tal bringt uns in die Burgenstadt Stromberg, wo wir nach dem ehemaligen königlichen Amtsgericht einen Abstecher zur **Stromburg (P 3)** unternehmen können. Der Anstieg zur Burg ist jedoch äußerst steil und nur mit Pedelec/E-Bike empfehlenswert.

Eingang zur Stromburg

Stromburg

Die zu Beginn des 13. Jhd. errichtete Stromburg liegt auf einem Bergvorsprung über dem Tal des Guldenbachs. Unübersehbar überragt ihr Turm die Stadt. Nach aufwändiger Sanierung der Burgruine Anfang der 80er Jahre hat der Starkoch Johann Lafer dort bis 2019 ein Sternerestaurant mit Hotel betrieben und die Stromburg überregional bekannt gemacht. Heute wird die Burganlage als Eventlocation genutzt. Von der Burgterrasse bietet sich ein herrlicher Blick auf die Stadt und das Guldenbachtal. Zurück im Ort haben wir am Marktplatz die Wahl zwischen **Kurz**- und **Langstrecke**.

Variante kurz

*Die **Kurzstrecke** führt malerisch in einem schier endlosen Anstieg durch die Ausläufer der Soonwalds zum Forsthaus Lauschhütte. Nach gemütlicher Einkehr radeln wir vorbei an der Waldgaststätte Forsthaus Heiligkreuz und mehreren Aussichtspunkten auf das Rheintal zurück nach Bingen.*

P4 18.0 km 1h 30min

Auf der **Langstrecke** haben wir am Ortsausgang von Stromberg einen brutalen Steilanstieg vor uns, ohne E-Bike eine Passage zum Schieben. Anschließend passieren wir in weniger steilem Gelände das Panoramabad Stromberg und biegen im Ortsteil Schindeldorf, vorbei an dem großen Wohn- und Freizeitpark, zum **Land & Golf Hotel Stromberg (P 4)** ab.

P5 21.5 km 1h 50min

Wir sind im Naturpark Soonwald-Nahe angekommen und können die Natur in vollen Zügen genießen. Auf malerischen Wegen geht es durch das weitläufige Waldgebiet, ehe wir in Neupfalz das **Walderlebniszentrum Soonwald (P 5)** erreichen. Es liegt in einzigartiger Lage im Herzen des Naturparks. Der Wald kann hier mit allen Sinnen erlebt, entdeckt und erkundet werden. Von der L 240 bietet sich uns vor dem Walderlebniszentrum ein toller Weitblick in Richtung Norden. Auf den wunderschön angelegten Waldspielplatz „Wichtelparadies“ folgt eine ebenso paradiesische Waldpassage in Nähe des Weißenfels. Der grobe Untergrund ist allerdings nicht jedermanns Sache. Den Weg begleitet der Wildkatzenlehrpfad mit zahlreichen Schautafeln. Anhand der Infoschilder erfahren wir zum Beispiel, wie sich Wild- und Hauskatzen unterscheiden.

Land & Golf Hotel Stromberg

Blick vom Walderlebniszentrum

Im Soonwald

Kloster Spabrücken

Blick vom Schanzerkopf

P6
26.9 km
2h 15min

Mit herrlichem Blick auf Spabrücken rollen wir anschließend den Abhang hinunter. Die Soonwald-Tour führt direkt am **Kloster Spabrücken (P 6)** und der Pfarr- und Wallfahrtskirche Maria Himmelfahrt vorbei. Direkt neben dem Kloster lohnt sich ein Einkehrschwung im Landgasthof Zur Sonne. Zurück auf dem Fahrrad setzt sich das Auf und Ab der Radroute fort. Wir passieren die in einer Senke gelegene Ortschaft Argenschwang und radeln an der ehemaligen Synagoge des Ortes und am Fuß der Ruine Rosenburg vorbei.

P7
32.0 km
2h 40min

Über einen Hügel hinweg erreichen wir Spall, wo der Spaller Hof eine nette Einkehrgelegenheit bietet. In Spall wechseln wir an einer **Abzweigung** auf die **Soonwald-Nahe-Tour (P 7)** und setzen die Fahrt auf der Ortsverbindungsstraße nach Münchwald fort. Das Radeln auf Asphalt spart etwas Kraft. Nach Münchwald tauchen wir erneut in das weitläufige Waldgebiet des Soonwalds ein.

Im Zickzack geht es über Forst- und Landstraßen durch den Wald zum **Forsthaus Opel (P 8)**, wo der Radweg links abbiegt. Anschließend sehen wir den Gipfel des Schanzerkopfs mit seinen Sendeanlagen vor uns, drehen aber noch eine Schleife, ehe wir vom Parkplatz Schanzerkopf auf den Gipfel und höchsten Punkt unserer Tour zusteuern.

Puricelli-Stift

Über Stock und Stein

Den **Schanzerkopf (P 9)** selbst zieren statt eines Gipfelkreuzes mehrere Sendeanlagen. Herrlich ist der Fernblick vom Nordplateau über den Ski- und Rodelhang auf die weite Hunsrückhochfläche. Wir können auf einer Bank in aller Ruhe die Szenerie genießen und uns von dem Anstieg erholen. Zurück am Parkplatz queren wir zunächst den Nordhang des Schanzerkopfs, ehe wir in rasender Abfahrt auf der schnurgeraden L 239 nach Ellern sausen.

P9
48.3 km
4h

Anschließend geht es über Felder und Wiesen hinweg zu einem Gewerbegebiet am südlichen Ortsrand von Rheinböllen. Im Ortszentrum verabschieden wir uns von der Soonwald-Nahe-Tour und setzen die Fahrt nach der **Abzweigung** auf dem **Hunsrück-Radweg (P 10)** fort. Rheinböllen bietet sich für einen Verpflegungsstopp an. Besonders liebevoll ist der Pfarrgarten gestaltet, in dem während des Sommers am Wochenende Kaffee und Kuchen offeriert wird. Ein paar Meter entfernt lohnt sich ein Abstecher zum Puricelli-Stift mit der sehenswerten Kapelle zur unbefleckten Empfängnis.

P10
58.3 km
4h 50min

Nach Dichtelbach fahren wir teils auf Asphalt, teils auf Schotter über die Hochfläche mit Wiesen, Weiden, Ackerland und etlichen Windrädern. Nun können wir uns auf die tolle Abfahrt vorbei am **Oberheimbacher Bürgerpark (P 11)** hinab ins

P11
65.5 km
5h 30min

Die Traumschaukel am Rheinufer

Rheintal freuen. Bis zum Ortsrand von Oberheimbach ist das Sträßchen für Autoverkehr gesperrt. Nach der engen Ortsdurchfahrt kommen wir am Hotel Restaurant Weinberg Schlösschen vorbei, das sich für einen weiteren Einkehrschwung anbietet.

P12
71.9 km
6h

Im Rheintal empfängt uns das Märchen-, Burgen- und Weindorf Niederheimbach. Am Rheinufer endet beim **Abzweig** des **Rheinradwegs (P 11)** unsere Fahrt auf dem Hunsrück-Radweg. Auf den letzten Kilometern der Tour können wir das Rheinpanorama auskosten. Am Ortsanfang von Trechtingshausen lädt eine Traumschaukel direkt am Rheinufer zum Träumen und Genießen ein. Die Ortschaft Trechtingshausen wird überragt von der mächtigen Burg Reichenstein.

P13
77.2 km
6h 25min

Mit der am Rhein gelegenen **St. Clemenskapelle (P 12)** erwartet uns die nächste Überraschung. Die ehemalige Pfarrkirche und heutige Friedhofskirche entstand im 13. Jhd. und ist weitgehend unverändert erhalten geblieben. Die neue Pfarrkirche steht hochwassersicher in der Ortsmitte. Ein Stück weiter bietet sich die Gelegenheit, vom Radweg zu Fuß zu Burg Rheinstein hinaufzusteigen. Die Besichtigung der im Stil der Rheinromantik des 19. Jhd. wiederaufgebauten Burg ist ein Erlebnis und beschert vom Rheinturm eine herrliche Aussicht.

Mit dem mitten im Rhein gelegenen Binger Mäuseturm folgt ein weiteres Highlight, ehe die Route am **Hauptbahnhof Bingen (P 1/Ziel)** endet. Vor der Heimfahrt lohnt sich ein Abstecher zum Rhein-Nahe-Eck und dem Binger Kulturufer (nicht im Track aufgenommen) mit seinem gastronomischen Angebot. Aufgrund der Streckenlänge und der vielen Höhenmeter ist zu überlegen, ob man die Tour auf zwei Tage aufteilt. Damit bleibt auch mehr Zeit für den Besuch von Sehenswürdigkeiten. Als Start bietet sich dann Stromberg mit Übernachtung im Hotel Restaurant Weinberg Schlösschen in Oberheimbach an.

Fazit

Sowohl als Kurz- wie als Langstrecke ein Geheimtipp abseits des Trubels, bei der das Landschaftserlebnis im Vordergrund steht. Bei der Langstrecke ist zu überlegen, ob man die Tour auf zwei Tage aufteilt. Wegen der vielen Anstiege lohnt sich ein Pedelec/E-Bike.

TourTipps

- Tourist-Info Bingen, Rheinkai 21, 55411 Bingen, 06721/184-200, www.bingen.de

- Eiscafé Bet, Marktplatz 1, 55442 Stromberg, 06724/603568
- Lauschhütte, Forsthaus Lauschhütte, 55442 Daxweiler, 06724/6038012, www.lauschhuette.de
- Forsthaus Heiligkreuz, Heilig-Kreuz-Weg 8, 55411 Bingen, 06721/4003828, www.forsthaus-heiligkreuz.com
- P4 Land & Golf Hotel Stromberg, Am Buchenring 6, 55442 Stromberg, 06724/6000, www.golfhotel-stromberg.de
- P6 Landgasthof Zur Sonne, Hauptstraße 26, 55595 Spabrücken, 06706/960543
- P7 Spaller Hof, Soonwaldstraße 1, 55595 Spall, 06706/6147, www.spallerhof.de
- Ristorante Calabria, Simmerner Straße 11, 55494 Rheinböllen,
  P10 06764/3028767, www.calabria-rheinbölIen.de
- Hotel Ristorante Colosseum, Marktstraße 16a, 55494 Rheinböllen, 06764/92290, www.colloseum-rheinböllen.de
- Pfarrgartencafé, Bacharacher Straße 8, 55494 Rheinböllen
- Weinberg Schlösschen, Hauptstraße 2, 55413 Oberheimbach, 06743/9471840, www.weinberg-schloesschen.de
- Kleiner Weinprinz (nur für Besucher der Burg), Burg Rheinstein, 55413 Trechtingshausen, 06721/6377, www.burg-rheinstein.de
- Gastronomie Bingen siehe Tour 12

- Fahrrad Rith, Talstraße 27, 55442 Stromberg, 06724/3252, www.fahrrad-rith.com
- Fahrradgeschäfte Bingen siehe Tour 10

- Naturerlebnisbad Bingen, Wilhelm-Beumer-Weg, 55411 Bingen-Bingerbrück, 06721/32735, www.naturbad.rheinwelle.com
- Panorama-Bad, Neupfälzer Weg, 55442 Stromberg, 06724/6057979, www.panorama-bad-stromberg.de
- Freibad Argenschwang, Soonwaldstraße 41, 55595 Argenschwang, 06706/960076
- Freizeitbad Rheinböllen, Auf der Bell 25, 55494 Rheinböllen, 06764/961180, www.sim-rhb.de

Tour Code: **BT911X6** (www.wander-touren.com)

Direkt zum Startpunkt mit scan to go®

12 Bingen-Loop

Die Tour besteht aus zwei Schleifen, eine nordöstlich von Bingen entlang des Rheins und durch den Binger Wald, die andere südwestlich um Bingen und den markanten Rochusberg mit seinen Weinberghängen herum.

Start/Ziel: Bingen Hbf, Bingerbrücker Straße 1, 55411 Bingen

N 49° 58' 06.6'' E 7° 53' 03.5''

Anfahrt: A 61 bis Ausfahrt 49 Bingen-Mitte, L 400 und B 9/Koblenzer Straße Richtung Bingerbrück/Bacharach/St. Goar bis Stadtteil Bingerbrück auf Höhe Hbf folgen

Parkplatz: An der B 9/Koblenzer Straße auf Höhe Hbf bzw. in einer der Seitenstraßen wie der Prinzenkopfstraße in Bingerbrück

Zug: RE 2 Koblenz Hbf - Frankfurt Hbf, RE 17 Koblenz Hbf - Kaiserslautern Hbf, RB 26 Köln Messe/Deutz - Mainz Hbf oder RB 65 Kaiserslautern - Bingen Hbf bis Bingen Hbf

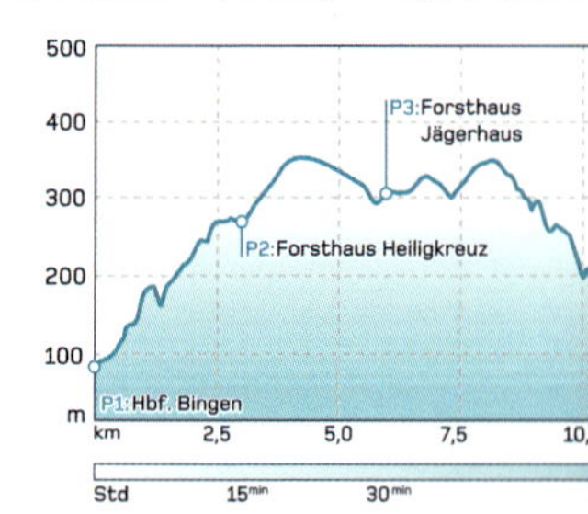

Variante kurz:

19.0 km | 1h 35min | 540 ↑ ↓ 540

37.8
km
3h 10min
785
785
Anspruch
Rhein
B9
Trechtings-
hausen
HESSEN
Johannis-
berg
Marienthal
B 42
P4
Burg
Reichenstein
P5 St. Clemenskapelle
Assmanns-
hausen
Forsthaus
P3 Jägerhaus
Geisen-
heim
Rüdesheim
am Rhein
Rhein-
radweg
B 42
Rhein
Rhein-Nahe-Eck
P6
P7 Ruine Hindenburgbrücke
B9
A 60
Forsthaus P2
Heiligkreuz
Hbf Bingen P1
P10 Burg Klopp
Bingen
P9 St.-
Rochus-
Kapelle
Gauls-
heim
P8 Kräuter-
kirche
Weiler
bei Bingen
B 48
B9
L 414
Wald-
algesheim
Büdesheim
Ockenheim
B9
A 60
A 61
B 48
Nahe
P4: Burg Reichenstein
P5: St. Clemens-
kapelle
P6: Rhein-Nahe-Eck
P7: Ruine Hindenburgbrücke
P8: „Kräuterkirche"
P9: St.-Rochus-Kapelle
P10: Burg Klopp
P1: Hbf. Bingen
15,0
17,5
20,0
22,5
25,0
27,5
30,0
32,5
35,0
37,8
1h10min
1h35min
2h
2h10min
2h40min
3h
3h10min

Tor zum Welterbe

Die Stadt Bingen liegt am Zusammenfluss von Rhein und Nahe. Mit dem Zufluss der Nahe wird aus dem Oberrhein der Mittelrhein. Somit ist Bingen das Tor zum Welterbe Oberes Mittelrheintal. Da auf unserer Tour nur der Rheinradweg als Themenradweg beschildert ist, sollte man zur sicheren Orientierung am besten ein Bike-Navi oder Smartphone mit unseren GPS-Tracks nutzen. Der Bingen-Loop besteht aus zwei Schleifen, eine nördlich und die andere südlich der Nahemündung.

P1
Start

Die Tour beginnt am **Hauptbahnhof Bingen (P 1)**. Vom Bahnhofsvorplatz gelangen wir über eine Fußgänger-/Radfahrerbrücke in den Stadtteil Bingerbrück. Dort folgen wir der Radwegbeschilderung „Naturerlebnisbad“ die steile Prinzenkopfstraße hinauf, bis wir die Querstraße am Rheinhang erreichen. Das Sträßchen führt uns in den Binger Stadtwald.

Das herrliche Waldgebiet besteht zu 80 Prozent aus Laubhölzern, vor allem Buchen und Eichen, sowie selteneren Baumarten wie Els- und Mehlbeere. Den Stadtwald durchziehen zahlreiche Wanderwege wie der Welterbesteig und der Rheinburgenweg. In einer Kehre kommen wir an der beliebten **Waldgaststätte Forsthaus Heiligkreuz (P 2)** vorbei, die zu einer ersten Einkehr einlädt. Am Forsthaus beginnt der 4,5 km lange Erlebnispfad Binger Wald mit Hängebrücke, Baumtelefon und Römerstraße als Erlebnisstationen. Wie wäre es mit einer kurzen Wanderung als Ergänzung der Radtour?

P2
3.0 km
15^{min}

P3
6,0 km
30^{min}

Nach einer Straßengabelung erreichen wir mit dem **Forsthaus Jägerhaus (P 3)** das nächste beliebte Ausflugsziel. Am Forsthaus endet die Asphaltstrecke und es geht auf einem geschotterten Forstweg weiter. Eine ziemliche Holperstrecke, die nicht jedermanns Sache ist. Nach den Gerhardshöfen beginnt die Abfahrt ins Rheintal, wo wir vor dem Ortsrand von Trechtingshausen den Stadtwald verlassen.

Im Binger Stadtwald

Forsthaus Heiligkreuz

Blick von Burg Reichenstein

Blick auf Burg Reichenstein

P4
12.2 km
1h

Nächstes Ziel ist **Burg Reichenstein (P 4)**, die südlich des Ortes auf einem langgestreckten Felsvorsprung liegt. 1899 veranlasste der Industrielle Baron Dr. Nikolaus Kirsch-Puricelli, der zu den reichsten Deutschen seiner Zeit zählte, den Wiederaufbau der einstigen Raubritterburg in neugotischem Stil. Die Burgführung mit Audioguide durch die vollständig eingerichteten Räume mit herrlichen Blicken vom Burggarten und dem Dach der Burganlage sind ein Erlebnis. Für das leibliche Wohl sorgt das Restaurant Puricelli mit toller Aussichtsterrasse.

Anschließend rollen wir durch den pittoresken Ortskern von Trechtingshausen mit seinen schmalen Gassen. Es geht vorbei an der katholischen Pfarrkirche St. Clemens und dem kleinen Marktplatz mit dem schmucken Rathaus zum Rheinufer. Nach dem Blick hinauf zu Burg Reichenstein erreichen wir die am Rheinufer gelegene **St. Clemenskapelle (P 5)**. Die rot-weiß gestrichene dreischiffige Basilika geht auf das 13. Jhd. zurück und dient heute als Friedhofskapelle, nachdem die neue Pfarrkirche hochwassersicher in der Ortsmitte erbaut wurde.

P5
14.2 km
1h 10min

Ein Stück weiter balanciert Burg Rheinstein, ein Symbol der

Schlossgarten Burg Reichenstein

St.Clemenskapelle

Am Binger Kulturufer

Rheinromantik, eindrucksvoll auf einem schmalen Felsen über der B 9. Vom Rheinradweg führt ein Fußweg in Serpentinen zu der von Prinz Friedrich von Preußen im 19. Jhd. wiederaufgebauten Burg. Von der Restaurantterrasse und dem Rheinturm hat man eine wunderschöne Aussicht. Auf Burg Rheinstein folgt kurz vor Bingen der imposante Blick auf den vom Rhein umspülten Binger Mäuseturm. Im Zuge der BUGA 2029 soll der Park am Mäuseturm aufgewertet werden.

Von dort ist es ein Katzensprung zurück zum Hauptbahnhof, wo die ***Kurzstrecke*** *endet.*

Variante kurz

Die **Langstrecke** führt uns über die Nahebrücke zum **Rhein-Nahe-Eck (P 6)**. Das Panorama am Zusammenfluss von Rhein und Nahe mit dem Binger Mäuseturm und Burg Rheinstein im Hintergrund sucht seinesgleichen. Zur Halbzeit unserer Tour haben wir uns eine Stärkung am Binger Kulturufer verdient. Zurück auf dem Fahrrad passieren wir das hippe Hotel Papa Rhein und den Fähranleger Bingen-Rüdesheim.

P6
19.4 km
1h 35min

Auf dem Rheinradweg

Der Blick hinüber auf den Rheingau mit Rüdesheim, dem Niederwalddenkmal und der Benediktinerabtei St. Hildegard ist ein Genuss. Nach dem Hafenbecken führt der Radweg in einer Schleife an der **Ruine der Hindenburgbrücke (P 7)**, einer im 2. Weltkrieg zerstörten Eisenbahnbrücke vorbei. Bei Hochwasser und Sturm wird der Rheinuferweg gesperrt und es besteht eine Umleitung entlang des Rheindeichs. Am Flussufer säumen Pappeln den Weg, wir blicken auf die Rheinauen, kommen an traumhaften Picknickplätzen vorbei und können bei einer Pause den Schiffsverkehr beobachten.

P7
23.5 km
2^{h}

Auf Höhe der Ilmen-Aue endet unsere Rheinfahrt an der Abzweigung nach Gaulsheim. Den Mittelpunkt der „Wohngemeinde im Grünen“ bildet die **„Kräuterkirche“ St. Pankratius und Bonifatius (P 8)**. Das Besondere verbirgt sich im Inneren der Kirche in Form einer Deckenmalerei mit 50 verschiedenen Pflanzen, viele davon Heil- und Nutzpflanzen. Nach Gaulsheim unterqueren wir die A 60 und radeln durch weites Ackerland zum Ortsrand von Ockenheim, wo wir Richtung Westen abbiegen. Vor uns liegt der rebenbestandene, langgestreckte Höhenrücken des Rochusbergs. Bingen gilt als heimliche Hauptstadt des deutschen Weins. Hier stoßen die vier Weinanbaugebiete Rheinhessen, Nahe, Rheingau und Mittelrhein aneinander.

P8
25.5 km
2^{h} 10^{min}

Der Anstieg im Weinberghang ist anstrengend, wohl dem, der auf einem Pedelec/E-Bike sitzt. Auf dem Bergrücken angekommen, führt uns ein Abstecher vorbei am Hildegard Forum zur **St.-Rochus-Kapelle (P 9)**. Die Geschichte der Kapelle ist mit dem Pestjahr 1666 verbunden, als der Magistrat der Stadt Bingen beschloss, dem Schutzheiligen der Pestkranken, dem heiligen Rochus, eine Kapelle zu stiften und jedes Jahr eine Wallfahrt abzuhalten. Im Lauf der Zeit wurde die Kapelle auch ein Ort der Begegnung mit der Heiligen Hildegard von Bingen, deren Reliquienschatz nach Auflösung der Klosterkirche in Eibingen auf den Rochusberg gebracht wurde. Die heutige neugotische Kirche stammt aus den Jahren 1891 - 1895.

P9
32.1 km
2^{h} 40^{min}

Von der „Pestkapelle“ radeln wir zurück zum Hildegard Forum der Kreuzschwestern, wo wir uns im schönen Garten des Restaurants stärken können. Außerdem lohnt es sich, im liebevoll

Rast am Rheinufer

St.-Rochus-Kapelle

Abfahrt durch die Weinberge

Burg Klopp

angelegten Heilkräutergarten herumzustreifen. Den Abstecher zum Kaiser Friedrich-Turm auf dem Rochusberg können wir uns sparen. Der Blick von oben ist toll, bietet sich uns aber auch von den Hangwegen. Nachdem wir auf der sonnenverwöhnten Südseite des Weinberghangs entlanggerollt sind, umrunden wir den steil abfallenden Nordhang und haben den herrlichen Blick auf Burg Klopp, Bingen und den Rheingau vor uns. **Burg Klopp (P 10)** ist durch ihre Hanglage das beherrschende Gebäude der Stadt und Sitz eines Teils der Stadtverwaltung.

P10 · 36.1 km · 3^{h}

Bis auf das Fundament des Bergfrieds und Teile der Ringmauer wurde die Burg im 19. Jhd. neu aufgebaut. Höhepunkt der Burgbesichtigung ist das kleine Museum im Bergfried, das im obersten Stock eine schöne Ausstellung zur Rheinromantik beherbergt und von der Aussichtsplattform einen herrlichen Rundumblick offeriert. Der Burggraben und die historische Gartenanlage sollen im Zuge der BUGA 2029 neugestaltet werden. Zur Einkehr lädt das gehobene Restaurant Burg Klopp ein. Nach dem Abstecher zur Burg rollen wir zum Ufer der Nahe hinunter und fahren am Fluss entlang. Wir überqueren die Nahebrücke und kehren zu unserem Ausgangspunkt dem **Hauptbahnhof Bingen (P 1/Ziel)** zurück.

P1/Ziel · 37.8 km · $3^{h}\,10^{min}$

Blick auf den Zusammenfluss von Nahe und Rhei

Fazit

Eine fantastische Tour! Die beiden Schleifen vereinen rund um Bingen Rheinromantik, Weinbaulandschaft und ein herrliches Waldgebiet. Dazu kommen Sehenswürdigkeiten am laufenden Band wie Burg Reichenstein, das Rhein-Nahe-Eck oder die St.-Rochus-Kapelle.

TourTipps

- Tourist-Info Bingen, Rheinkai 21, 55411 Bingen, 06721/184-200, www.bingen.de

- Forsthaus Heiligkreuz, Heilig-Kreuz-Weg 8, 55411 Bingen, 06721/4003828, www.forsthaus-heiligkreuz.com
- P3 Forsthaus Jägerhaus, Binger Wald, 55413 Weiler bei Bingen, 06721/159241, www.forsthaus-jägerhaus.de
- P4 Restaurant Puricelli auf Burg Reichenstein, Burgweg 24, 55413 Trechtinghausen, 06721/6117, www.burg-reichenstein.com
- Kleiner Weinprinz (nur für Besucher der Burg Rheinstein), Burg Rheinstein, 55413 Trechtingshausen, 06721/6377, www.burg-rheinstein.de
- P6 Sunset Camp im Paulaner Biergarten, Hindenburganlage 3, 55411 Bingen, 06721/1869671, www.palaisbingen.de
- Vinothek Bingen, Hindenburganlage 2, 55411 Bingen, 06721/3098992, www.vinothek-bingen.de
- Zollamt, Hafenstraße 3, 55411 Bingen, 06721/1869666, www.zollamtbingen.de
- Papa Rhein mit Bootshaus, Hafenstraße 47, 55411 Bingen, 06721/35010, www.paparheinhotel.de
- Gasthaus am Bahnhof, Am Bahnhof 1, 55437 Ockenheim, 06725/9988118, www.gasthaus-am-bahnhof.de
- P9 Hildegard-Forum mit Restaurant, Rochusberg 1, 55411 Bingen, 06721/181000, www.hildgard-forum.de
- P10 Restaurant Burg Klopp, Burg Klopp 1, 55411 Bingen, 06721/15644, www.restaurantburgklopp.de

- Bike-Service-Bingen, Berlinstraße 19, 55411 Bingen, 06721/4002662, www.bike-service-bingen.de
- Michels Zweiradshop, Saarlandstraße 234, 55411 Bingen, 06721/975621, www.michels-zweiradshop.com

- Naturerlebnisbad Bingen, Wilhelm-Beumer-Weg, 55411 Bingen-Bingerbrück, 06721/32735, www.naturbad.rheinwelle.com

Tour Code: **BT912X5** (www.wander-touren.com)

Direkt zum Startpunkt mit scan to go®

Rheingau

Der Rheingau reicht, begrenzt von Taunuskamm und Rhein, von Flörsheim am Main bis Lorch am Rhein. Um dem Rheingaugebirge auszuweichen, verändert der Rhein hier seine Fließrichtung auf Ost-West. Der Rheingau ist geprägt vom Weinbau, steht für Genuss und Lebensfreude, bietet Kultur pur und lädt zur Erkundung vieler Sehenswürdigkeiten, Städte und Weindörfer ein.

Rheingau

13 Rüdesheim-Schleife

Die Tour verbindet die Rüdesheimer Stadtteile Assmannshausen, Aulhausen, Windeck und Eibingen. Vom Rheinufer geht es hinauf zum Niederwalddenkmal, ehe sich die Route, vorbei an Highlights wie der Abtei Sankt Hildegard und der Ruine Ehrenfels durch die Weinberge zieht.

Start/Ziel: Bahnhof Assmannshausen, Bahnhofstraße 1, 65385 Rüdesheim-Assmannshausen

N49° 59' 07.2'' E 7° 52' 01.8''

Anfahrt: B 42 am Rhein entlang bis Assmannshausen, in die Rheinuferstraße und dort gleich rechts zum Bahnhof Assmannshausen abbiegen

Parkplatz: Parkplatz am Bahnhof Assmannshausen, alternativ Parkplatz Höllenbergstraße am Ortsausgang von Assmannshausen Richtung Aulhausen an der L 3034

Zug: RheingauLinie RB 10 Neuwied-Frankfurt/M. Hbf bis Bahnhof Assmannshausen

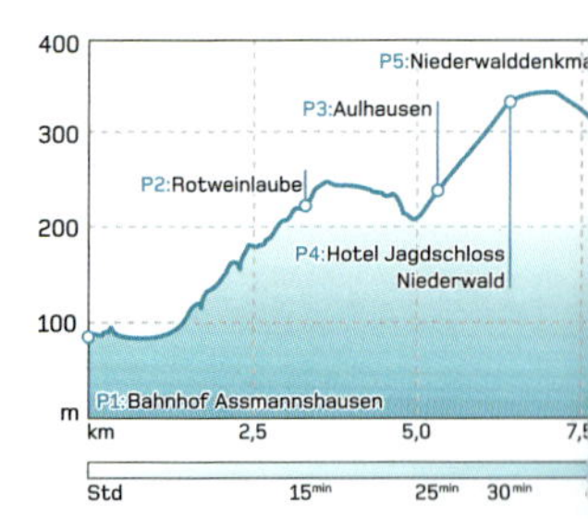

28.4 km | 2h 20min | 765 ↑ | 765 ↓ | Anspruch

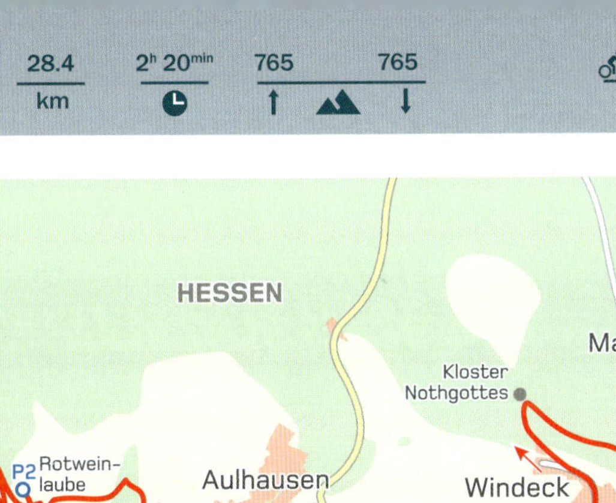

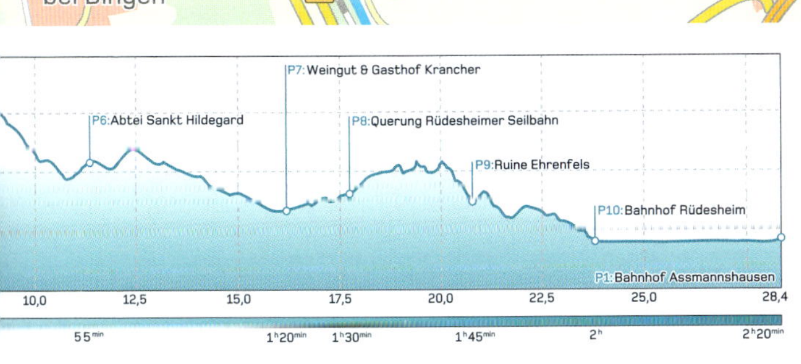

Die Rheinknie-Runde

Unsere Rundtour beginnt am **Bahnhof Assmannshausen (P 1)**. Da auf der Route nur der Rheinradweg als Themenradweg beschildert ist, sollte man zur sicheren Orientierung unbedingt ein Bike-Navi nutzen! Das Pendant zur Rüdesheimer Drosselgasse ist in der Rotweingemeinde Assmannshausen die Höllengasse. Dort sitzt, zumindest bildlich, der Teufel auf einem Fass. Für ein Gläschen Spätburgunder können wir uns später Zeit nehmen. Wir verlassen das Ortszentrum mit seinen Weinlokalen in Richtung der Weinberge.

P1
Start

Die sonnenverwöhnten Steillagen am Rheinhang, gepaart mit schieferhaltigen Böden, sind die Voraussetzung für Spitzenweine, die hier entstehen. In Assmannshausen wird seit 1507 die Rebsorte Spätburgunder angebaut. Auf einem Serpentinenweg mühen wir uns den Weinberghang hinauf und kommen dabei gehörig ins Schwitzen. Hier macht sich ein Pedelec/E-Bike bezahlt. Belohnt werden wir dafür mit großartigen Blicken auf Assmannshausen und die Burgen Rheinstein und Reichenstein. Ein Abstecher führt zu der als Filmkulisse errichteten **Rotweinlaube (P 2)**, wo wir auf einer Traumliege durchschnaufen und die Landschaft genießen können.

P2
3.2 km
15min

Der Anstieg setzt sich bis zu einer Kuppe fort, ehe wir am Weingut Robert König vorbeikommen und sodann den Mühlberg nach **Aulhausen (P 3)** hinunterrollen. In der Höhengemeinde zweigen wir bei der Dorfkirche St. Petronilla auf die Schlossstraße ab. Vor uns liegt die nächste Steigung. Im Niederwald erklimmen wir auf der L 3034 Höhenmeter um Höhenmeter.

P3
5.2 km
25min

Die Straßenpassage führt zu dem auf einer großflächigen Lichtung gelegenen **Hotel Jagdschloss Niederwald (P 4)**, das sich für eine Verpflegungspause anbietet. Vor über 100 Jahren

P4
6.4 km
30min

Aufstieg zur Rotweinlaube

Am Hotel Jagdschloss Niederwald

konnte man mit der Zahnradbahn hierher gelangen, heute tun dies die meisten Besucher mit der Niederwald-Seilbahn von Assmannshausen aus. Teils sind die Ausflügler auf der sogenannten Ring-Tour unterwegs, die Fahrten mit dem Sessellift, der Kabinenbahn und dem Schiff kombiniert.

P5 7.9 km 40min

Auf unserer Radrunde rollen wir auf der L 3034 über das Hochplateau zum 1883 fertiggestellten **Niederwalddenkmal** (**P 5**). Es ist eines der meistbesuchten Monumente Deutschlands. Das Denkmal erinnert an die Gründung des Deutschen Kaiserreichs nach dem Sieg im Deutsch-Französischen Krieg 1870/71. Das kolossale Standbild der Germania mit Kaiserkrone und Reichsschwert, die „Wacht am Rhein" hält, wirkt im vereinten Europa etwas aus der Zeit gefallen. Ein paar Meter entfernt findet sich mit dem Niederwald-Tempel ein ebenso beliebtes Fotomotiv. Von der grandiosen Aussicht auf das Rheintal schwärmten schon die Romantiker des 19. Jhd.

Zurück auf dem Fahrrad folgen wir der L 3034 in Richtung Rüdesheim. In der Abfahrt müssen wir links auf einen Weinbergweg abbiegen (Achtung: Gefahrenstelle!). Schon von weitem lugt die **Abtei Sankt Hildegard** (**P 6**) aus den Weinbergen hervor. Die Abtei wurde zu Beginn des letzten Jahrhunderts erbaut und wird von einer Benediktinerinnengemeinschaft bewohnt, die u.a. ein Klosterweingut unterhält. Unbedingt ansehen sollten wir uns die farbenprächtig gestaltete Abteikirche. Vor der Weiterfahrt lockt das Klostercafé zur Einkehr.

P7 16.1 km 1h 20min

Anschließend strampeln wir in der Höhengemeinde Windeck über eine Kuppe, ehe im folgenden Waldstück das Kloster Nothgottes in einer Kurve auftaucht. Es ist im 14. Jhd. entstanden und blickt auf eine bewegte Geschichte zurück. Wir begnügen uns mit einem Blick über die Klostermauern. Es folgt ein geschotterter Weg entlang der Nothgotteswiesen und dem Stegbach. Der Streckenabschnitt ist leider eine ziemliche Rüttelpiste. Danach queren wir Weinberghänge und rollen in Eibingen am **Weingut & Gasthof Krancher** (**P 7**) vorbei, wo sich der Wein- und Biergarten für ein Päuschen anbietet. Nun führt der Radweg am Ortsrand oberhalb der Pfarr- und Wallfahrtskirche St. Hildegard vorbei, in der der Hildegaris-Schrein mit den

Abtei Sankt Hildegard

Niederwalddenkmal

Panoramablicke

Gebeinen der Heiligen Hildegard von Bingen aufbewahrt wird. Das BUGA-Jahr 2029 fällt mit ihrem 850. Todestag zusammen.

Danach überqueren wir die Zufahrtstraße zum Niederwald-Denkmal und finden uns im Rebenmeer des sonnenverwöhnten Rüdesheimer Berges mit seinen nach Süden ausgerichteten Parzellen wieder. Eine besondere Touristenattraktion

P8 17.8 km 1h 30min

ist die **Rüdesheimer Seilbahn (P 8)**, die die Stadt mit dem Niederwalddenkmal verbindet. Wir queren die Seilbahntrasse, während die kleinen Gondeln über unsere Köpfe hinwegschweben, und cruisen durch die Weinberge. Die Panoramaaussicht auf Rhein und Reben ist jedes Mal aufs Neue wunderbar.

P9 20.8 km 1h 45min

Ein spektakulärer Blick bietet sich, wenn wir zur **Ruine Ehrenfels (P 9)** hinabrollen. Die Hangburg bildete mit dem Binger Mäuseturm ein „Zollensemble“, das die Rheinschifffahrt am Binger Loch kontrollierte. Die Ruine kann nur von außen besichtigt werden, dennoch lohnt sich der Abstecher. Angesichts der mächtigen Schildmauer kann man nachvollziehen, warum hier 1374 der Mainzer Domschatz aufbewahrt wurde. Die Schlossruine ist Namensgeber der berühmten Weinlage Berg Schloßberg, die in Südausrichtung mit Steigungen bis zu 70 Prozent die Festung umgibt.

P10 23.8 km 2h

Anschließend rollen wir zum Ortsrand von Rüdesheim, wo wir am einstigen Sitz der Firma Asbach und dem **Bahnhof Rüdesheim (P 10)** vorbeifahren. Wo früher Weinbrand produziert wurde, ist inzwischen ein Ort für Kreative, Events und Gastronomie entstanden, u.a. mit einer besonderen Vinothek. In den außergewöhnlichen Räumlichkeiten der RheinWeinWelt sind die ehemaligen Asbach-Weinbrandtanks begehbar und der „Geist des Weins“ lebt wortwörtlich wieder auf. Am Bahnhof müssen wir entscheiden, ob wir einen Abstecher in die Altstadt von Rüdesheim (nicht im Track aufgenommen) unternehmen wollen oder gleich nach Assmannshausen weiterfahren.

Rüdesheim, die „Kleinstadt mit Weltruhm“, platzt an manchen Tagen aus allen Nähten und ob man die Drosselgasse besucht haben muss, sei jedem selbst überlassen. Doch Rüdesheim hat auch viele ruhige Ecken, deren Entdeckung lohnt. Es gibt

Blick auf Ruine Ehrenfels und den Mäuseturm

Rüdesheimer Seilbahn

Rheinradweg auf Höhe der Ruine Ehrenfels

Binger Mäuseturm

vier Burgen, herrliche Bürger- und Adelshöfe, schmale Gässchen und herrliche Fachwerkhäuser. Zudem soll im Zuge der BUGA 2029 der Hafenpark mit dem Rheinufer östlich der Stadt komplett umgestaltet werden. Ebenso ist die Verlegung des Bahnhofs geplant. Und wie wäre es mit einem Tässchen Rüdesheimer Kaffee am „Originalschauplatz“?

Gastronomie in Assmanshausen

Vom Bahnhof Rüdesheim geht es zum Anleger der Autofähre, wo gegenwärtig ein kleines Stück Radweg fehlt (Achtung Gefahrenstelle). Danach können wir es auf dem 2023 freigegebenen Geh- und Radweg entlang des Rheinknies zwischen Rüdesheim und Assmannshausen gemütlich ausrollen lassen. Dabei lohnt es sich, in einer Ausbuchung anzuhalten, um in Ruhe das Panorama von Burgruine Ehrenfels und dem Binger Mäuseturm zu genießen.

P1/Ziel
28.4 km
2h 20min

In Assmannshausen verabschieden wir uns mit der Aussicht auf Burg Rheinstein vom Rheinufer und biegen zum Ausgangspunkt am **Bahnhof Assmannshausen (P 1/Ziel)** ab. Dank der Hotels in der Rheinuferstraße und der Gastronomie in der Höllengasse muss niemand durstig nach Hause fahren. Und vielleicht passt ein Fläschchen Riesling in die Fahrradtasche?

In Assmannshausen

Fazit

Eine meiner Lieblingstouren mit einem wunderbaren Mix aus landschaftlichen, kulturellen und kulinarischen Höhepunkten. Die grandiosen Panoramablicke verdienen schönes Wetter und gute Fernsicht.

Tour Tipps

- Tourist-Info Rüdesheim, Rheinstraße 29a, 65385 Rüdesheim, 06722/90615-0, www.ruedesheim.de

- Zwei Mohren, Rheinuferstraße 1, 65385 Assmannshausen, 06722/9020, www.hotel-zweimohren.de
- Hotel-Café Post, Rheinuferstraße 2a, 65385 Assmannshausen, 06722/2326, www.rhein-hotel-ruedesheim.de
- Restaurant Zum Anker, Rheinuferstraße 7, 65385 Assmannshausen, 06722/497733, www.restaurant-anker.de
- Hotel Krone, Rheinuferstraße 10, 65385 Assmannshausen, 06722/4030, www.hotel-krone.com
- Berg's Alte Bauernschänke, Niederwaldstraße 23, 65385 Assmannshausen, 06722/49990, www.altebauernschaenke.de
- Eiglers Weinbar & Vinothek, Rheinuferstraße 14, 65385 Assmannshausen, www.eiglers-weinbar.de
- P4 Hotel Jagdschloss Niederwald, Jagdschloss Niederwald 1, 65385 Rüdesheim, 06722/71060, www.niederwald.de
- Restaurant Am Niederwald, Am Niederwald 4, 65385 Rüdesheim,
  P5 06722/71033-70, www.am-niederwald.de
- Das Rebenhaus, Am Niederwald 2, 65385 Rüdesheim, 06722/4967060, www.das-rebenhaus.de
- P6 Klostercafé Abtei Sankt Hildegard, Klosterweg 1, 65385 Rüdesheim, 06722/499215, www.klostercafe-st-hildegard.de
- P7 Gasthof Krancher, Eibinger Oberstraße 4, 65385 Rüdesheim, 06722/2762, www.gasthof-krancher.de
- P10 RheinWeinWelt, Am Rottland 6, 65385 Rüdesheim, 06722/9440277, www.rheinweinwelt.de
- Restaurant Villa Weil, Rheinstraße 15, 65385 Rüdesheim, 06722/4025970, www.villa-weil.de
- Rüdesheimer Kaffee Haus, Rheinstraße 17, 65385 Rüdesheim, 01575/4171151
- Weinstrand Rüdesheim, Hafenpark Höhe Anleger Nr. 6, 65385 Rüdesheim, 0160/93970340, www.weinstrand.de

- Asbach-Bad, Kastanienallee 3, 65385 Rüdesheim, 06722/910040, www.asbach-bad.com

Tour Code: **BT913X4** (www.wander-touren.com)

Direkt zum Startpunkt mit scan to go®

14 Leinpfad-Runde

Die Tour verknüpft die einstigen Treidelpfade am linken und rechten Rheinufer zwischen Bingen und Mainz sowie Walluf und Rüdesheim. Die Kurzstrecke beschränkt sich auf den westlichen Streckenabschnitt zwischen Bingen und Rüdesheim bzw. Frei-Weinheim und Oestrich-Winkel.

Start/Ziel: Papa Rhein Hotel & Spa, Hafenstraße 47, 55411 Bingen am Rhein

N 49° 58' 13.6'' E 7° 54 42.6''

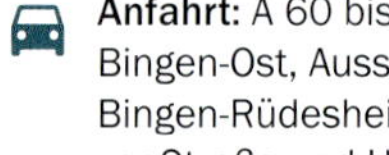

Anfahrt: A 60 bis Ausfahrt 13 Bingen-Ost, Ausschilderung Fähre Bingen-Rüdesheim auf L 419, Mainzer Straße und Hafenstraße folgen

Parkplatz: Fähre Bingen-Rüdesheim folgen, bei Hotel Papa Rhein in die Hafenstraße abbiegen, die beidseits Parkplätze bietet

Zug: RE 2, RE 17, RB 26 oder RB 65 bis Bingen Hbf sowie RB 26 oder RB 35 bis Bahnhof Bingen-Stadt (ca. 700 Meter auf dem Rheinradweg vom Start entfernt)

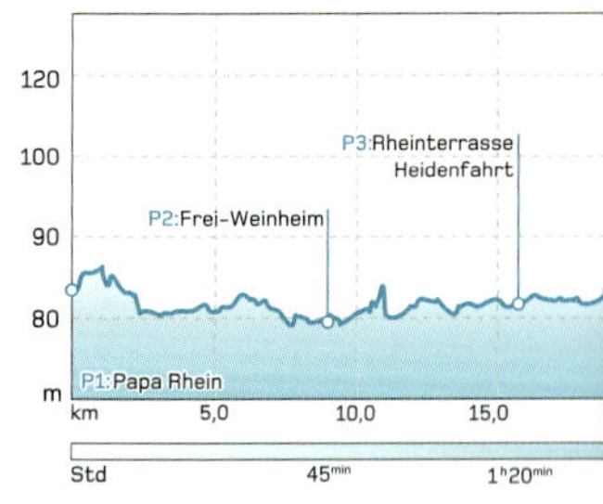

Variante kurz:

19.9 km 1h 40min 55 55

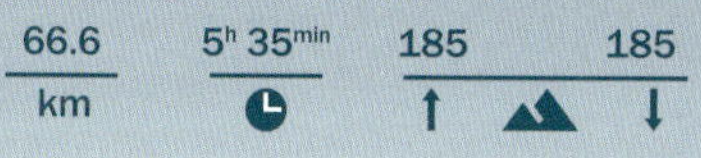

66.6 km | 5h 35min | 185 ↑ | 185 ↓ | Anspruch

B 417
B 54
B 455
HESSEN
Schlangenbad
Wiesbaden
B 260
B 262
B 54
B 54
Schiersteiner
Hafen
A 66
P8
Walluf
Eltville
Schloss Biebrich
B 455
P7
Oestrich-
Winkel
Kurfürstliche P9
Burg Eltville
P4 Kiosk
am Rhein
A 671
Rhein
MZ-
Kastel
Fähranleger
Oestrich-
Winkel
B 42
Budenheim
Zollhafenbrücke P5
P10
A 643
P3 Rheinterrasse
Heidenfahrt
Theodor- P6
Heuss-Brücke
Rhein-
radweg
A 60
Main
P2 Frei-
Weinheim
Heidesheim
L 419
Mainz
Ingelheim
am Rhein
B 40
A 60
RHEINLAND-
PFALZ
Klein-
Winternheim
A 63

P5: Zollhafenbrücke
P7: Schloss Biebrich
P8: Schiersteiner Hafen
P11: Bootshaus Geisenheim
P4: Kiosk am Rhein
P6: Theodor-Heuss-Brücke
P10: Fähranleger Oestrich-Winkel
P9: Kurfürstliche Burg Eltville
P1: Papa Rhein
25,0
30,0
35,0
40,0
45,0
50,0
55,0
60,0
65,0 66,6
2h35min 2h45min
3h15min
3h30min
4h05min
4h45min
5h10min
5h35min

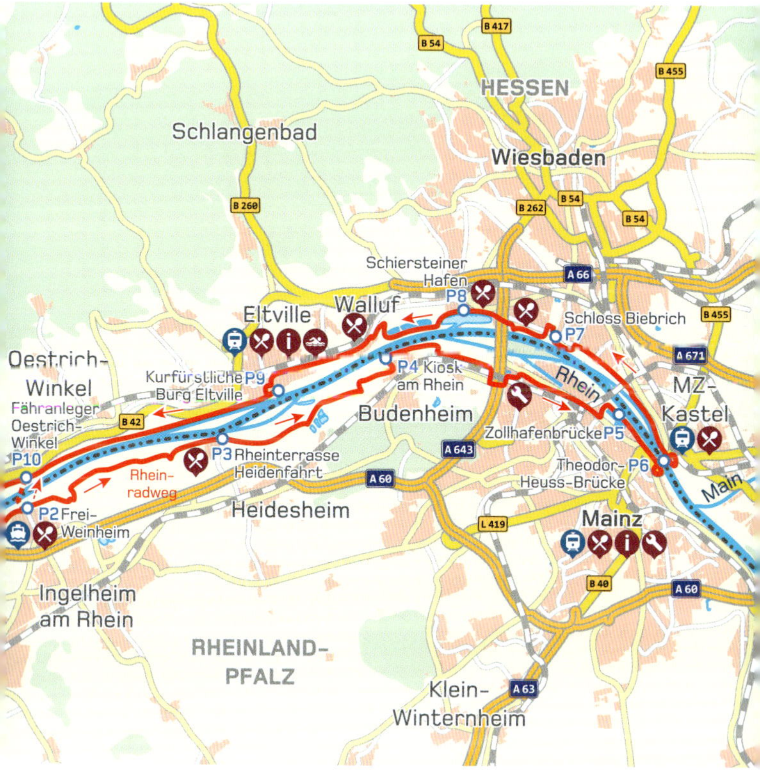

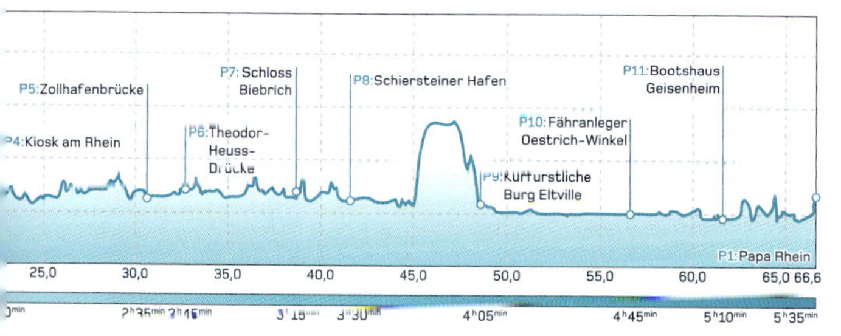

Sattelfest auf alten Pfaden

Wir steigen beim **Papa Rhein (P 1)**, einem 2021 am Binger Hafenpark direkt neben dem Fähranleger eröffneten „Heimatzeithotel", in den Sattel und folgen dem Rheinradweg flussaufwärts. Das Papa Rhein beweist, wie erfolgreich pfiffige Hotelkonzepte sein können. Nach dem Hafenbecken führt der Radweg in einer Schleife zur Ruine der Hindenburgbrücke. Die ehemalige Eisenbahnbrücke über den Rhein wurde im 2. Weltkrieg gesprengt und nicht wieder aufgebaut. Der Radweg entlang des Rheinufers ist nicht asphaltiert und teilweise sandig. Bei Nässe ist Vorsicht geboten. Dafür ist die Strecke im Naturschutzgebiet Fulderaue/Ilmenaue traumhaft schön.

P1
Start

Kleine Sandbuchten laden zum Picknicken ein, Pappeln säumen den Weg, die Rheinauen vermitteln Altrheinfeeling, dazu können wir den Schiffsverkehr auf dem Rhein beobachten. Auf Höhe Gaulsheim knickt der Rheinradweg in die Rheinebene ab. Die Strecke verläuft nun hinter dem Rheindeich, mit Blick auf weite Felder und Obstplantagen. Auf dem ebenen, asphaltierten Weg kommen wir zügig voran und erreichen in **Frei-Weinheim (P 2)** den Abzweig zum Fähranleger mit dem beliebten Ausflugsziel Ingelheimer Sommergarten. Wir haben nun die Wahl zwischen **Kurz**- und **Langstrecke**.

P2
9.0 km
45 min

*Wer sich für die **Kurzstrecke** entscheidet, setzt mit der Fähre nach Oestrich-Winkel über. Die Überfahrt von „hiwwe" nach „driwwe" sorgt für Urlaubsstimmung. Dabei trennt der Rhein nicht nur Rheinhessen und den Rheingau, sondern auch die Bundesländer Rheinland-Pfalz und Hessen.*

Variante
kurz

Auf der **Langstrecke** geht es rheinaufwärts weiter. Krähen tummeln sich auf den Feldern und mit Glück sieht man ein paar Störche. Der Radweg führt direkt an der **Rheinterrasse Heidenfahrt (P 3)** vorbei. Einen Steinwurf entfernt liegt der Wein- und

P3
15.9 km
1 h 20 min

Start am Papa Rhein

Blick auf den Rheingau

Biergarten Inselrhein. Den Blick auf die Mariannenaue und den Rheingau sollten wir genießen, da sich der Rheinradweg bei Heidenfahrt in die Rheinebene verabschiedet.

Nach dem Blauen See mit Campingplatz und Imbiss geht es durch Wiesen und Felder zu einer Schrebergartenkolonie am Ortsrand von Budenheim. Im Ort biegt der Radweg im rechten Winkel ab und führt zum Rhein zurück. Wir radeln am Werksgelände der Chemischen Fabrik Budenheim entlang und erreichen den **Kiosk am Rhein (P 4)**. Die Kulisse würde auch ins Ruhrgebiet passen.

P4
22.3 km
1h 50min

Es folgt ein kurzer, nicht asphaltierter Abschnitt durch ein Wäldchen. Bei Nässe kann es hier matschig sein. Nach weiteren Kleingartenkolonien rollen wir bei der Zufahrt zur Schiersteiner Brücke unter der A 643 hindurch und passieren in Mombach die Mainzer Stadtgrenze. Der Radweg entlang der Rheinallee durch ein Gewerbe- und Industriegebiet ist eine „Durststrecke", ehe wir in das neue Stadtquartier Zoll- und Binnenhafen abbiegen. Das Areal erinnert an den Rheinauhafen in Köln oder die Hamburger HafenCity.

Ein Großteil der Bauten rund um das Hafenbecken, an der Mole und auf Hafeninseln ist fertiggestellt. Der Blick von der **Zollhafenbrücke (P 5)** ist beeindruckend. Es lohnt sich, in dem neuen Stadtquartier herum zu radeln und die aufregende Architektur wie die Pandion Doxx am Zollhafen mit einer Fassade aus goldglänzenden Metallschindeln zu bestaunen. Am Feldbergplatz mündet der Rheinradweg auf den mit Bäumen gesäumten Rheinuferweg. Achtung, hier herrscht meist reges Gedränge. Von Anfang Mai bis Ende September lockt der Mainzstrand zum Sonnenbaden und Entspannen.

P5
30.6 km
2h 35min

Mainz wurde vor über 2000 Jahren von den Römern gegründet. Im 2. Weltkrieg wurde die Stadt zu 80 Prozent zerstört. Die Landeshauptstadt von Rheinland-Pfalz ist Fastnachtshochburg, Medienstadt und dank rund 30.000 Studenten aus 120 Nationen eine junge Stadt. Bevor wir die Rheinseite wechseln lohnt sich ein Bummel durch die Altstadt mit dem Gutenberg-Museum am Liebfrauenplatz und dem Mainzer Dom St. Martin. Das

Auf dem Leinpfad

Fahrt über die Zollhafenbrücke

Stadtquartier Zoll- und Binnenhafen

Reduit in MZ-Kastel

„Das Strandschiff“

Mainzstrand

Wahrzeichen der Stadt ist sichtbares Zeichen der kirchlichen und weltlichen Macht des früheren Erzbistums Mainz.

P6
32.9 km
2h 45min

In der Mitte der **Theodor-Heuss-Brücke (P 6)** heißt uns die Landeshauptstadt Wiesbaden in Hessen willkommen. Auf der rechten Rheinseite angekommen, befinden wir uns jedoch im Stadtteil Mainz-Kastel und nicht in Wiesbaden-Kastel, was Ortsfremde verwirrt. Bis 1945 gehörte Kastel zu Mainz. Nach 1945 verlief die Grenze der Besatzungszonen durch den Rhein. Die rechtsrheinischen Mainzer Stadtteile wurden zu Stadtteilen von Wiesbaden, wobei „Mainz“ im Namen erhalten blieb. Die Theodor-Heuss-Brücke bringt uns auch auf die „ebsch Seit“, die verkehrte Seite, was je nach Sichtweise die gegenüberliegende Rheinseite ist. Es ist eine Hass-Liebe, die beide Landeshauptstädte miteinander verbindet.

Mainz-Kastel empfängt uns mit einigen Hinguckern. Die Reduit, die einzige „Rundum-Verteidigungsanlage“ der gesamten Rheinfront, wurde zwischen 1830 und 1834 als „Bollwerk Deutschlands“ erbaut. In der ehemaligen Kaserne ist das Museum Castellum beheimatet und in der Bastion von Schönborn befindet sich eine Gaststätte. Zu dem Areal gehört auch ein Sandstrand am Rheinufer. Die Szenerie rundet das „Strandschiff“ ab. Der Dreimastschoner, einstige Heringsfänger und ehemaliges Nobelrestaurant dient heute als Eventlocation.

Nach einer herrlichen Passage entlang des Rheinufers mit Blick auf die vorgelagerte Petersaue verläuft der Rheinradweg bzw. Hessischer Radfernweg R3 in Amöneburg durch ein Industriegebiet. Die Zeiten, in denen der Zementstaub des

In Walluf

Schloss Biebrich

Dyckerhoff-Zementwerks Dächer bedeckte, sind längst vorbei. Zurück am Rhein folgt mit dem **Schloss Biebrich (P 7)** ein prachtvoller, dreiflügeliger Barockbau. Kaum zu glauben, dass dessen Ursprung auf ein zweigeschossiges Gartenhäuschen zurückgeht. Es wurde zum Wohnschlösschen der Fürsten von Nassau-Idstein ausgebaut und diente als deren Hauptresidenz.

P7
38.8 km
3h 15min

Mit einem Schlenker durch den herrlichen Schlosspark erreichen wir nach der Schiersteiner Brücke den **Schiersteiner Hafen (P 8)**. Die Hafeneinfahrt überspannt die Dyckerhoff-Brücke. Der Blick von der Hafenpromenade auf Yachten und Sportboote weckt mediterrane Gefühle, weshalb man von der „Schiersteiner Riviera" spricht. Im Juli steppt beim Hafenfest der Bär und mit dem Fahrrad gibt es kaum ein Durchkommen. Nach einer Pause am Hafenbecken können wir an der Walluf-er Bucht mit etwas Glück Weißstörche beobachten. Walluf bezeichnet sich stolz als die älteste Weinbaugemeinde des Rheingaus und empfängt uns mit einem Weinprobierstand am Rheinufer. Ansonsten beeindruckt der kleine Ort mit verwinkelten Gassen und vielen prächtig herausgeputzten Häusern.

P8
41.7 km
3h 30min

In Walluf verlassen wir den Rhein und fahren an der Wallufer Straße entlang, bis wir die Wein-, Sekt- und Rosenstadt Eltville erreichen und zum Wahrzeichen der Stadt, der **Kurfürstlichen Burg (P 9)** aus dem 14. Jhd. abbiegen. Von der einst gewaltigen Burganlage blieb der quadratische Wehrturm erhalten. In der Burg residierten über mehrere Jahrhunderte die Mainzer Erzbischöfe und Kurfürsten. Wer Rosen liebt, sollte zur Hauptblütezeit Anfang Juni kommen, wenn sich Eltville in ein duftendes Blütenmeer verwandelt. Mit dem Eltviller Weinprobierstand,

Tolle Innenhöfe

Kurfürstliche Burg

Weinhäusern und Gastronomie wie dem Anleger 511 bieten sich feine Gelegenheiten für eine Verschnaufpause, ehe wir auf der mit Platanen gesäumten Rheinpromenade weiterradeln.

Entlang des Rheins sind wir auf alten Treidelpfaden unterwegs. Früher wurden hier Frachtschiffe von Menschen, Tieren oder Lokomotiven flussaufwärts gezogen (=getreidelt). Der Rheingau steht für Weingenuss. Da überrascht es nicht, dass sich direkt am Rheinufer viele Weinprobierstände, wie der beim Hattenheimer Fass, befinden. Von Hattenheim sagt man, dass selbst der Rhein hier eine Pause mache. Anschließend passieren wir Schloss Reichartshausen, Sitz der European Business School,

P10
56.7 km
4h 45min

und radeln am Oestricher Weinverladekran vorüber. Beim **Fähranleger Oestrich-Winkel (P 10)** stößt die **Kurzstrecke** zu uns. Einziger Makel des herrlichen Radwegs ist das an manchen Tagen hohe Radfahrer- und Fußgängeraufkommen.

P11
61.7 km
5h 10min

Die nächste Einkehrempfehlung ist das traumhaft gelegene **Bootshaus Geisenheim (P 11)**. Nun ist es nicht mehr weit bis Rüdesheim, dem Touristeneldorado des Rheingaus. Doch neben dem sehr touristischen Rüdesheim entlang der Rheinstraße und Drosselgasse, finden sich auch viele ruhige Ecken. Mit vier Burgen, mehreren Bürger- und Adelshöfen sowie herrlichen Fachwerkhäuser gibt es in den schmalen Gassen der Altstadt viel zu entdecken. Zudem zählt die Stadt zu den vier zentralen Standorten der BUGA 2029. Die Planungen dafür laufen unter dem Arbeitstitel „Quellen der Inspiration“. Der Hafenpark mit dem östlich der Stadt gelegenen Rheinufer wird neugestaltet. Für die vielen Besucher ist außerdem ein neuer Bahnhaltepunkt vorgesehen.

Mit der Fähre setzen wir nun vom Rheingau nach Rheinhessen über und sind beim **Papa Rhein (P 1/Ziel)** zurück am Ausgangspunkt. Durstig muss niemand nach Hause fahren. Sowohl hiwwe in Bingen wie driwwe in Rüdesheim gibt es feine Einkehrgelegenheiten, um die Tour gemütlich ausklingen zu lassen.

Fazit

Eine Tour für Genussradler. Wie an einer Perlenschnur folgt links und rechts des Rheins ein Höhepunkt dem nächsten. Für Besichtigungen sollte man zusätzlich Zeit einplanen. Die Kurzstrecke eignet sich hervorragend als Familientour.

TourTipps

- Tourist-Info Bingen, Rheinkai 21, 55411 Bingen, ✆ 06721/184-200, ⓘ www.bingen.de
- Tourist Service Center Mainz, Rheinstraße 55, 55116 Mainz, ✆ 06131/242888, ⓘ www.mainz-tourismus.com

- Papa Rhein mit Bootshaus-Bar, Hafenstraße 47, 55411 Bingen, ✆ 06721/35010, ⓘ www.paparheinhotel.de
- Ingelheimer Sommergarten, An der Hafen-Mole, 55218 Ingelheim-Nord, ✆ 0175/2482786, ⓘ www.ingelheimer-sommergarten.de

P3 - Rheinterrasse Heidenfahrt, Unteraue 38, 55262 Heidesheim, ✆ 06132/58614
- Wein- und Biergarten Inselrhein, Unteraue 0, 55262 Heidesheim-Heidenfahrt, ✆ 0179/6932305, ⓘ www.inselrhein.de

P4 - Kiosk am Rhein, Rheinstraße, 55257 Budenheim, ✆ 06139/5740
- Mainzstrand, Am Rheinufer neben Theodor-Heuss-Brücke, Adenauer-Ufer,

P5 55116 Mainz, ✆ 06131/6695866, ⓘ www.mainzstrand.de
- Gastronomie MZ-Kastel/ WI-Biebrich/WI-Schierstein siehe Tour 16
- Wallufer Weinfass, Rheinallee 1, 65396 Walluf, ⓘ www.faesschen-walluf.de
- Die Schwabbel, Am Segelhafen, Rheinallee, 65396 Walluf, ✆ 06123/7037280, ⓘ www.schwabbel-walluf.de
- Gastronomie Eltville und Hattenheim siehe Tour 15

P11 - Bootshaus Geisenheim, Am Rheinufer 2, 65366 Geisenheim, ✆ 06722/710327, ⓘ www.bootshaus-geisenheim.de
- Weinstrand Rüdesheim, Hafenpark Höhe Anleger Nr. 6, 65385 Rüdesheim, ✆ 0160/93970340, ⓘ www.weinstrand.de

- Fahrrad XXL Franz, Rheinallee 179, 55120 Mainz, ✆ 06131/62229-0, ⓘ www.fahrrad-xxl.de
- Rad'l Ma(h)l, Rheingaustraße 21, 65375 Oestrich-Winkel, ✆ 06723/6792690, ⓘ www.radl-mahl.de
- Bike & Fun, Chauvignystraße 23, 65366 Geisenheim, ✆ 06722/497615, ⓘ www.bike-fun.biz

- Freibad (Rosenbad) Eltville, Erbacher Straße 22, 65343 Eltville, ✆ 06123/81276, ⓘ www.eltville.de
- Asbach-Bad, Kastanienallee 3, 65385 Rüdesheim, ✆ 06722/910040 ⓘ www.asbach-bad.com

Tour Code: **BT914X3** (www.wandertouren.com)

Direkt zum Startpunkt mit scan to go®

15 Rheingau Eroica

Die Tour folgt den Spuren der Eroica Germania. Die spektakuläre Strecke führt von Eltville auf dem Rheinradweg bis Oestrich-Winkel und durch die Weinberghänge des Rheingaus vorbei an Schloss Johannisberg, Kloster Eberbach und Ruine Scharfenstein zurück nach Eltville.

Start/Ziel: Freibad Eltville, Erbacher Straße 22, 65343 Eltville

N 50° 01' 17.8'' E 8° 06' 31.9''

Anfahrt: B 42 am Rhein entlang bis Eltville, auf der Erbacher Straße ein paar Meter Richtung Innenstadt, rechts zum Freibad Eltville abbiegen

Parkplatz: Parkplatz Schwimmbad und Parkplatz Rheinufer angrenzend zum Freibad Eltville

Zug: RE 9 Eltville - Frankfurt/M. Hbf. und RB 10 Neuwied - Frankfurt/M. Hbf bis Bahnhof Eltville, der Wilhelmstraße folgen und Ecke Wilhelmstraße/Schwalbacher Straße in die Tour einsteigen

Variante kurz:
35.9 km 3h 525 ↑ ↓ 525

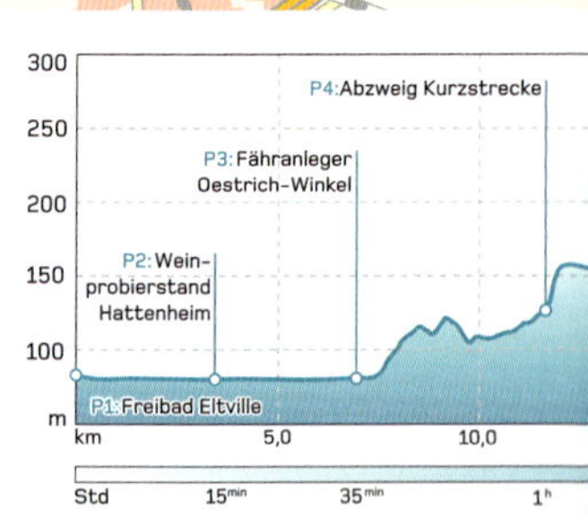

45.2
km
3h 45min
755
755
Anspruch
B 260
A 66
B 42
P11 Ruine
Scharfenstein
Kloster P9
Eberbach
Kiedrich
R3a
Walluf
P10
Kiedricher Hof
Hallgarten
R3a
Eltville
Rhein
Hatten-
heim
Freibad Eltville P1
P12 Kurfürstliche
Burg Eltville
Rhein-
radweg
P8 Pfortenhaus
Oestrich-
Winkel
B 42
P2 Weinprobierstand
Hattenheim
Budenheim
Rhein
P3 Fähranleger
Oestrich-Winkel
A 60
Heidesheim
am Rhein
HESSEN
R3a
Frei-
Weinheim
Ingelheim
am Rhein
RHEINLAND-
PFALZ
1 km
P5: Wallfahrtskirche
Marienthal
P7: Schloss Vollrads
P9: Kloster
Eberbach
P10: Kiedricher Hof
P11: Ruine Scharfenstein
P8: Pfortenhaus
P12: Kurfürstliche
Burg Eltville
P6: Schloss Johannisberg
P1: Freibad Eltville
20,0
25,0
30,0
35,0
40,0
45,2
20min
1h35min
1h55min
2h15min
2h45min
3h
3h10min
3h40min
3h45min

Rheingau

15

Alte Schätzchen

Unsere Streckenführung ist angelehnt an die der Eroica Germania, ein „Radrennen“ für klassische Rennräder im Rheingau. Da die Route nur teilweise ausgeschilderte Radwege nutzt, ist ein Bike-Navi oder Smartphone mit unseren GPS-Tracks zur sicheren Orientierung empfehlenswert. Die „Deutsche Eroica“ ist ein Ableger der L'Eroica, die jedes Jahr in „Gaiole in Chianti“ stattfindet. Während bei dem Original viele Abschnitte über Schotterstraßen, die berühmt-berüchtigten strade bianche, führen, sind „weiße Straßen“ auf unserer Tour die Ausnahme. Doch auch ohne strade bianche Sektionen ist die Strecke aufgrund des hügeligen Terrains nicht ohne.

P1
Start

„Eroica“ heißt übersetzt „heroisch“. Und ein „Heldengefühl“ spüren wir hoffentlich auch, wenn wir die Tour gemeistert haben. Unsere Eroica startet am **Freibad Eltville (P 1)** unweit des Weinguts Baron-Knyphausen. Das Weingut ist Ziel und Festival-Location der Eroica Germania. Zunächst fahren wir auf dem Rheinradweg flussabwärts. Die Route führt auf alten Lein- und Treidelpfaden an einem der schönsten Flussabschnitte des vorderen Rheingaus entlang.

Die Eroica ist auch eine Genusstour mit Stationen bei verschiedenen Weingütern. Das übernehmen wir gerne. Der am Rheinufer gelegene **Weinprobierstand (P 2)**, das Hattenheimer Fass (geöffnet von April bis Ende September), ist für ein Päuschen prädestiniert. Von Hattenheim sagt man, selbst der Rhein mache hier eine Pause. Nach einem Blick auf Schloss Reichartshausen, das die European Business School beherbergt, kommen wir am hölzernen Oestricher Weinverladekran von 1744 vorbei.

Beim **Fähranleger Oestrich-Winkel (P 3)** verlassen wir den Rheinradweg, rollen unter der B 42 hindurch und durchqueren mit Oestrich-Winkel die größte Weinstadt Hessens. Nach dem entspannten Einrollen am Rheinufer beginnt die herausfordernde Strecke in den Hügeln des Rheingaus. Die Rieslingstraße führt uns in die Weinberge oberhalb der Stadt, wo wir auf den Hessischen Radfernweg R3a abbiegen. Zu unserer Rechten liegt Schloss Vollrads im Rebenmeer und vor uns bestimmt die Silhouette von Schloss Johannisberg den Blick.

Der Radweg führt unterhalb von Schloss Johannisberg (siehe das Buchcover) durch die Weinberge in den Ortsteil Grund, wo die **Kurzstrecke abzweigt (P 4)**.

Von der Abzweigung sind es nur ein paar Meter zu Kloster Johannisberg, wo sich ***Kurz-*** *und* ***Langstrecke*** *wieder vereinen.*

Wer sich für die **Langstrecke** entscheidet, hat am Ortsrand von Grund einen Steilanstieg vor sich. In den Weinbergen biegen wir auf den Holzweg ab und strampeln den Hang nach Marienthal hinauf. Anschließend rollen wir ins Elsterbachtal hinab, wo wir die abgeschieden gelegene **Wallfahrtskirche Marienthal (P 5)** erreichen, deren Anfänge ins Jahr 1309 zurückgehen. Damit zählt Marienthal zu den ältesten Wallfahrtsorten Deutschlands. Seit 1873 bewohnen Franziskaner das Kloster. Beeindruckend ist die große Wallfahrtsanlage am Rand des Klostergebäudes, wo die Kerzen der Pilger für ein flackerndes Lichtermeer sorgen.

P5
15.5 km
1h 20min

Das folgende Sträßchen im Elsterbachtal heißt zwar Höllenweg, hat aber gar nichts höllisches an sich, sondern verläuft sanft abwärts und ist fein asphaltiert. Dabei passieren wir die Schleif- und Ostermühle sowie den Gutsausschank Weihermühle. Am Ortsrand von Johannisberg bestimmen das leuchtend weiße Kloster Johannisberg und die mächtigen Türme der Klosterkirche den Blick.

Ohne Pedelec/E-Bike ist der Steilanstieg zu **Schloss Johannisberg (P 6)** eine Tortour. Oben angekommen, wird man für Schweiß und Mühe entschädigt. Faszinierend ist der Gegen-

Vorbei am Weinverladekran

Kloster Johannisberg

satz von dem mediterran wirkenden Schloss und der direkt angrenzenden Basilika, die ganz ohne Schmuck und Pomp auskommt. Dies gepaart mit der traumhaften Aussicht und Weinen von Weltruf macht den Johannisberg zu einem magischen Ort. Seit 1720 wird auf Schloss Johannisberg ausschließlich Riesling angebaut. Ein besonders schöner Ort zum Verweilen und Genießen bietet sich uns auf dem Schlossgelände beim Weinprobierstand am Goetheblick.

Zurück auf dem Fahrrad setzt sich das Auf und Ab durch die Weinberge fort. Es ist ein „wilder Ritt" durch die einzigartige Kulturlandschaft des Rheingaus mit immer neuen herrlichen Blicken und Perspektiven. Als nächster Höhepunkt erwartet uns **Schloss Vollrads (P 7)**, eines der ältesten Weingüter Deutschlands. Aus dem Gebäudeensemble ragt der mittelalterliche Wasserturm hervor. Dazu gesellen sich ein prunkvolles Barockschloss, ein idyllischer Weiher, die Vinothek im Kutscherhaus und die Orangerie mit gehobener Speisegastronomie. Im Innenhof stehen Bänke und Tische für den Hofausschank am Wochenende. Schloss Vollrads ist einer der Schauplätze des berühmten Rheingau Musik Festivals.

P7
23.4 km
$1^h\ 55^{min}$

Über einen Hügel hinweg rollen wir hinab ins Tal des Pfingstbachs. Nach einer spitzwinkligen Kehre kommen wir am **Pfortenhaus (P 8)**, dem einzigen Relikt des ehemaligen Klosters Gottesthal, vorbei. Danach streift unsere Eroica Strecke den Ortsrand von Hallgarten und führt an der Domäne Neuhof, einem stattlichen Gutshof mit achteckigem Brunnen- und Taubenhaus, vorüber. Es folgt eine Straßenpassage, auf der wir die Domäne Steinberg passieren. Der Steinberg zählt zu den Spitzenlagen des Rheingaus, entsprechend ist der Steinbergkeller „ein Pflichtstopp" für Weinkenner. Jedes Jahr bildet die

P8
27.0 km
$2^h\ 15^{min}$

Durch die Weinberge

Schloss Johannisberg

Steinberger Tafelrunde ein Glanzlicht des Rheingau Musik Festivals, wenn sich die längste Tafel der Welt, eine 600 Meter lange Tischreihe, durch die Rebstöcke schlängelt.

P9
32.9 km
2h 45min

Nun erwartet uns mit dem **Kloster Eberbach (P 9)** einer der Besuchermagnete des Rheingaus. Das Kloster wurde 1136 von 13 Zisterziensermönchen aus Burgund gegründet. Nach der französischen Revolution und der Säkularisierung dienten die Gebäude als Frauengefängnis, Irrenanstalt, Soldatenheim und Viehstall. Einen wahren Besucheransturm erlebt das Kloster seit der Verfilmung von Umberto Ecos Roman „Der Name der Rose“ im Jahr 1986. Die Innenaufnahmen wurden hier gedreht. Als Besucher hält man unbewusst Ausschau nach dem Franziskanermönch William von Baskerville alias Sean Connery und seinem Adlatus, dem Novizen Adson.

Kloster Eberbach bietet dank der gigantischen Basilika und dem riesigen Saal des Mönchdormitoriums einen großartigen Einblick in das Klosterleben des Mittelalters. Unseren Besuch können wir mit einer Stärkung im Pfortenhaus oder der Klosterschänke abrunden. Weiter geht es in das Weindorf Kiedrich. Ein besonderes Kleinod ist die Basilika St. Valentius. Neben der Wallfahrtskirche aus dem 14. Jhd. bietet Kiedrich prächtige Fachwerkhäuser, ein Renaissance-Rathaus, historische Gutshöfe und Adelshäuser sowie nette Restaurants wie den **Kiedricher Hof (P 10)**.

P10
36.2 km
3h

P11
38.3 km
3h 10min

Am Weinprobierstand Kiedrich trennen sich **Kurz**- und **Langstrecke** erneut. Die Langstrecke bietet einen Abstecher zu dem Wahrzeichen Kiedrichs, der **Ruine Scharfenstein (P 11)** mit dem weithin sichtbaren Bergfried. Leider ist der Turm nicht frei zugänglich, doch auch von unten bietet sich ein herrlicher Weitblick auf die Weinlagen von Kiedrich und Martinsthal. Die Aussicht wurde 2016 zur schönsten Weinsicht des Rheingaus gekürt.

P12
43.6 km
3h 40min

Zurück am Kiedricher Weinprobierstand rollen wir durch die Weinberge hinab nach Eltville. Das Wahrzeichen der Wein-, Sekt- und Rosenstadt Eltville ist die **Kurfürstliche Burg (P 12)** aus dem 14. Jhd. am Rheinufer. Hier residierten über meh-

Wallfahrtskirche Marienthal

Der Wasserturm von Schloss Vollrads

Schloss Vollrads

Kloster Eberbach

rere Jahrhunderte die Mainzer Erzbischöfe und Kurfürsten. Besonders eindrucksvoll sind der mächtige Wehrturm und der im Zwinger angelegte Rosengarten. Wer Rosen liebt, sollte zur Hauptblütezeit Anfang Juni kommen.

Eroica Impressionen

Zum Abschluss lohnt sich ein Stadtbummel durch Eltville mit seinen Weinhäusern, dem Eltviller Weinprobierstand und vielen netten Restaurants. Die Alternative zur Gastronomie in der Altstadt ist der Draiser Hof des Weinguts Baron-Knyphausen mit Vinothek, Hofladen, der Weinlounge 1141 und der Weinbar 1818 in Nähe des Ziels am **Freibad Eltville (P 1/Ziel)**.

P1/Ziel
45.2 km
3h 45min

Oder wie wäre es zum Ausklang der Tour mit einem Sprung ins kühle Nass des Freibads? Das „Eroica-Gefühl" kann man jedoch auch einfach beim Schiffegucken auf einer Bank am Rheinufer auskosten und genießen.

Eine meiner Lieblingstouren! Wir lernen den Rheingau von seiner schönsten Seite kennenlernt. Die Strecke ist spektakulär, abwechslungsreich und gespickt mit landschaftlichen, kulturellen und kulinarischen Höhepunkten.

TourTipps

- Tourist-Info Eltville (im Burgturm), Burgstraße 1, 65343 Eltville, 06123/9098-0, www.eltville.de

- Weinbar 1818 und Weinlounge 1141 auf dem Draiser Hof, Erbacher Straße 26-28, 65346 Eltville-Erbach, 06123/79071-0, www.baron-knyphausen.de
- RheinSchänke, Auweg 2, 65347 Eltville-Hattenheim, 06723/9985566, www.rheinschaenke.de
- Hattenheimer Weinprobierstand, Auweg, 65347 Eltville-Hattenheim, 06723/885755, www.weinprobierstand.de
- P6 Schlossschänke und Weinprobierstand am Goetheblick, Schloss Johannisberg, 65366 Geisenheim-Johannisberg, 06722/960912, www.schloss-johannisberg.de
- P7 Gutsrestaurant auf Schloss Vollrads, Schloss Vollrads 1, 65375 Oestrich-Winkel, 06723/660, www.schlossvollrads.com
- Schwarzes Häuschen, Domäne Steinberg, Kloster-Eberbach-Straße, 65346 Eltville, 06123/9997065, www.kloster-eberbach.de
- P9 Klosterschänke und Pfortenhaus im Kloster Eberbach, 65346 Eltville, 06723/9178-290, www.kloster-eberbach.de
- P10 Kiedricher Hof, Oberstraße 22, 65399 Kiedrich, 06123/9349777, www.kiedricher-hof.de
- Zur Weinpump, Rheingauer Straße 3, 65343 Eltville, 06123/704100,
- Weingut Koegler mit Weinstand im Hof, Kirchgasse 5, 65343 Eltville, 06123/2437, www.weingut-koegler.de
- Altstadt-Café Glockenhof, Marktstraße 3, 65343 Eltville, 06123/61141, www.hotelglockenhof.de
- Anleger 511, Platz von Montrichard 2, 65343 Eltville, 06123/689168, www.anleger511.de
- Weinhaus Zur Krone, Platz von Montrichard 1, 65343 Eltville, 06123/61189

- Rad'l Ma(h)l, Rheingaustraße 21, 65375 Oestrich-Winkel, 06723/6792690, www.radl-mahl.de

- Freibad Eltville, Erbacher Straße 22, 65343 Eltville, 06123/81276, www.eltville.de

Tour Code: **BT915X2** (www.wander-touren.com)

Direkt zum Startpunkt mit scan&go®

16 Radachter Wiesbaden

Der Radachter besteht aus einer Nord- und einer Süd-schleife. Vom Hessischen Staatstheater und dem Kurhaus geht es auf Entdeckungsreise in die verschiedenen Stadtteile und vorbei an den Top Sehenswürdigkeiten der Landeshaupthauptstadt.

Start/Ziel: Hessisches Staatstheater Wiesbaden, Christian-Zais-Straße 3, 65189 Wiesbaden

N 50° 05' 01.6'' E 8° 14' 44.1''

Anfahrt: Siehe www.kurhaus.wiesbaden. de („Service, Anreise")

Parkplatz: Kostenpflichtige Parkplätze in der Innenstadt, u. a. Wiesbaden Hbf.
Kostenfrei außerhalb der City u. a. Tier- und Pflanzenpark Fasanerie oder am Schiersteiner Hafen

Zug: RB 10, RB 21, RB 75, S 1, S 8, S 9, dazu mehrere ICE-Verbindungen bis Wiesbaden Hbf

Variante Nord:
21.5 km 1h 50min 435 ↑ ↓ 345

Variante Süd:
45.2 km 3h 45min 430 ↑ ↓ 430

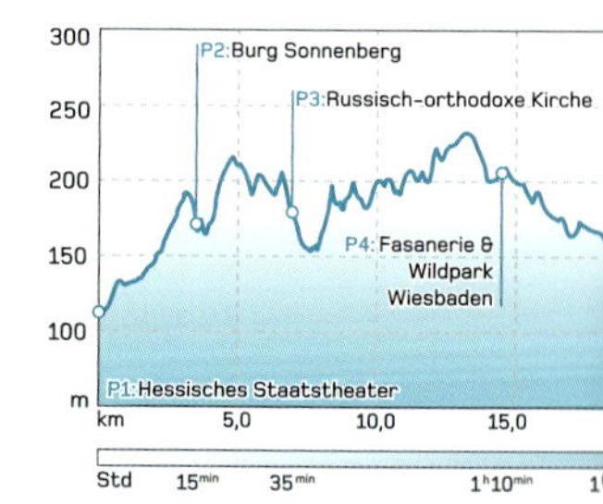

66.6
km
5h 35min
865
865
Anspruch
Fasanerie & P4 Tierpark Wiesbaden
Russisch-orthodoxe Kirche P3
P2 Burg Sonnenberg
Sonnenberg
Wiesbaden Achter Nord
Heidenmauer und Römertor P5
Aussicht Bierstadter Höhe P6
Bierstadt
Klarenthal
P1 Hessisches Staatstheater
Wiesbaden Achter Süd
Schloss Freudenberg P12
Goethestein P11
Wiesbaden
Erbenheim
Frauenstein
Freudenberg
Schierstein
Wiesbaden Army-Airfield
Walluf
P10 Schiersteiner Hafen
P9 Schloss Biebrich
Zufahrt P7 Lucius D. Clay Kaserne
Rhein
Budenheim
MZ-Kastel
RHEINLAND-PFALZ
Mainz
P8 Kasteler Strand
Main
B 417
B 262
B 455
A 3
B 54
A 66
A 671
B 42
A 643
B 40
B 43
A 60
L 419
:Heidenmauer & Römertor
P6: Aussicht Bierstadter Höhe
P7: Zufahrt Lucius D. Clay Kaserne
P8: Kasteler Strand
P9: Schloss Biebrich
P10: Schiersteiner Hafen
P11: Goethestein
P12: Schloss Freudenberg
P1: Hessisches Staatstheater
25,0
30,0
35,0
40,0
45,0
50,0
55,0
60,0
65,0 66,6
2h05min
2h45min
3h20min
3h45min
4h
5h35min

Stadt Land Fluss

Der Radachter Wiesbaden besteht aus zwei Schleifen (Nord und Süd), die im Zentrum von Wiesbaden verbunden sind. Die Langstrecke umfasst die komplette Acht. Wer nur eine Schleife fährt, hat mehr Zeit für Abstecher und zum Sightseeing. Der Radachter ist als Themenradweg beschildert. In der Innenstadt besteht jedoch die Gefahr, ein Schild zu übersehen und sich zu verfahren. Es lohnt sich, mit Bike-Navi zu fahren.

Die Tour beginnt im Herzen der Stadt am **Hessischen Staatstheater Wiesbaden (P 1)**. Dort treffen sich beide Schleifen und nutzen ein Stück dieselbe Strecke. Es geht zunächst auf der Parkstraße am Kurpark entlang, ehe wir in die Grünanlagen abbiegen. Linker Hand können wir einige pompöse Villen bestaunen, ehe sich die beiden Radschleifen trennen und wir der **Nordschleife** folgen. Auf der Fahrt entlang des Rambachs durch die hinteren Kuranlagen haben wir die Hektik der Großstadt hinter uns gelassen und können die Natur genießen.

Die Strecke führt durch den Grünzug nach Sonnenberg. Die Altstadt wird von der **Burg Sonnenberg (P 2)** überragt. Nach einem heftigen Anstieg streift der Radachter die von Nassauer Grafen erbaute Burgruine. Die Burganlage aus dem 13. Jhd. wird seit einigen Jahren saniert. In dem begehbaren Bergfried befindet sich ein kleines Burgmuseum. Nach steiler Abfahrt folgt ein Schlenker durch den historischen Ortskern, der von einer Stadtmauer umgeben ist. Sonnenberg gilt als gehobenes Wohnviertel mit vielen Villen, an denen wir in der Steigung in Richtung Neroberg vorbeifahren.

Wer will, kann einen Abstecher (nicht im Track aufgenommen) auf den Neroberg, den Hausberg der Wiesbadener, unternehmen. Schöner ist es jedoch, mit der Nerobergbahn hinaufzufahren. Wir folgen dem Radachter durch ein Waldstück bergab zur **russisch-orthodoxen Kirche (P 3)**. Der schönste Sakralbau Wiesbadens ist mit seinen gezwirbelten goldenen Türmen ein Höhepunkt der Tour. Die Entstehung des Gotteshauses beruht auf einer tragischen Liebesgeschichte. Herzog Adolph von Nassau ließ die Kirche als Grabeskirche für seine im Kindbett verstorbene Ehefrau 1849-1855 nach dem Vorbild der Moskauer Christ-Erlöser-Kathedrale erbauen.

Anschließend rollen wir auf dem Weinbergweg an prächtigen Villen vorbei zum Fuß des Nerobergs, wo wir unter dem Viadukt der Standsteilbahn hindurchfahren. Der Abstecher zur Talstation der Nerobergbahn, dem „schrägsten Ausflugsziel Wiesbadens", lohnt sich. Die Fahrräder müssen unten bleiben. Die Fahrt mit der historischen Zahnradbahn ist ein Erlebnis und der Blick vom Nerobergtempel auf Wiesbaden ist grandios. Zudem gibt es mit dem Restaurant „Der Turm" sowie dem Weinstand Château Nero feine Einkehrgelegenheiten. Auf dem Neroberg befindet sich, mit dem im Bauhausstil errichteten Opelbad, auch eines der schönsten Freibäder Deutschlands.

Den Übergang von der Stadt zum Taunus bildet das malerische Obere Nerotal. Nach Tennis- und Hockeyplätzen radeln wir durch den bewaldeten Talgrund und kommen an einem ehemaligen Steinbruch, der sog. Felsengruppe Wiesbaden vorbei. Danach können wir einen Abstecher (nicht im Track aufgenommen) zur Leichtweißhöhle unternehmen, in der sich der Wilderer Anton Heinrich Leichtweiß versteckte. Die Besichtigung der Höhle ist, bei eingeschränkten Öffnungszeiten, kostenlos. Nach einem Linksschwenk kommen wir am Nordfriedhof und dem im Grünen gelegenen Campus Unter den Eichen vorbei.

Es folgt eine Waldpassage im Tal des Kesselbachs, ehe wir beim Hofgut Adamstal den höchsten Punkt der Strecke erreichen. Nach ein paar Metern auf der B 54 führt der Radweg

Villenpracht

Altstadt Sonnenberg

zum **Tier- und Pflanzenpark Fasanerie (P 4)**, der 1750 von Fürst Karl von Nassau-Usingen für die Fasanenzucht errichtet wurde.

P4
14.4 km
1h 10min

Es lohnt sich, bei freiem Eintritt, im Park herumzuschlendern. Zur Einkehr bietet sich das Jagdschloss Fasanerie an. Gestärkt und gut erholt machen wir uns auf den Rückweg ins Zentrum. Wir fahren zunächst über freie Feld- und Ackerflächen und können den Blick zurück auf den Taunuskamm genießen.

Anschließend durchqueren wir den Stadtteil Klarenthal, es geht vorbei an einer Kleingartenanlage und dem Frei- und Hallenbad Kleinfeldchen. Nach dem Elsässer Platz folgt mit dem Westend ein Multi-Kulti-Stadtbezirk. In dem Viertel pulsiert das Leben und es gibt viel zu entdecken. Doch aufgepasst, der Verkehr ist nicht ohne! Danach passieren wir die Heidenmauer mit dem **Römertor (P 5)**. Die Heidenmauer ist Teil eines römischen Aquädukts und das älteste Bauwerk Wiesbadens. Das Römertor wurde 1902 als überdachte Holzbrücke hinzugefügt.

P5
20.7 km
1h 45min

Sodann rollen wir durch die City und kommen an dem Wahrzeichen Wiesbadens, dem im neoklassizistischen Stil errichteten Kurhaus vorbei. Es zählt zu den prunkvollsten Festbauten Deutschlands und ist als Eventlocation mit Bällen, Konzerten und Konferenzen der gesellschaftliche Mittelpunkt Wiesbadens. Im Inneren ist der prächtige Kuppelsaal frei zugänglich.

Russisch-orthodoxe Kirche

Nerobergbahn

P1
21.6 km
1h 50min

Im Kurhaus ist, mit der Spielbank Wiesbaden, eines der schönsten Casinos der Welt beheimatet. Zurück zum Start am **Hessischen Staatstheater Wiesbaden (P 1)** ist es ein Katzensprung.

Variante
Süd

P6
24.8 km
2h 05min

Nach einer Verschnaufpause nehmen wir die **Südroute** in Angriff. Den ersten Streckenabschnitt entlang des Kurparks bis zur Fichtestraße kennen wir schon. Nach der Trennung beider Routen strampeln wir hinauf zur Aussicht **Bierstadter Höhe (P 6)** und können, über Felder hinweg, auf Wiesbaden hinabsehen. Der nahegelegene Turm, die Bierstadter Warte, ist leider nicht frei zugänglich. Weiter geht es in den Stadtteil Bierstadt. Seit 2019 gibt es mit dem Bierstadter Gold auch ein Bier aus dem Stadtteil, das wir uns im Bierstadter Goldgarten schmecken lassen können.

P7
33.1 km
2h 45min

In Nachbarschaft des Goldgartens kommen wir an der evangelischen Kirche Bierstadt vorbei. Die romanische Saalkirche ist ein echter Hingucker. Sie stammt aus dem 11. Jhd. und ist nach der Heidenmauer das zweitälteste Bauwerk Wiesbadens. Über weite Feldflächen und entlang des Wäschbachs erreichen wir Erbenheim. Wir durchqueren den Stadtteil, fahren unter der A 66 hindurch und gelangen zum Rand des Wiesbaden Army Airfield, wo wir die Zufahrt zur **Lucius D. Clay Kaserne (P 7)** queren. Der Radweg führt an dem eingezäunten Kasernengelände entlang, auf dem für die Soldaten und deren Angehörige freistehende Einfamilienhäuser sowie Doppel- und Reihenhäuser samt Spiel- und Sportplätzen gebaut wurden.

P8
40.1 km
3h 20min

Zur Einkehr bietet sich die Domäne Mechthildshausen an, wo wir in netter Atmosphäre in der Hofküche Mechtild oder im Café Bohne Biolandqualität genießen können. Gut gestärkt rollen wir anschließend über weite Feld- und Wiesenflächen und treffen beim Sternenhof auf die Regionalpark-Route. Auf dem kerzengeraden Radweg geht es in süd-östlicher Richtung über die A 671 hinweg. Auf die ländliche Idylle folgt städtisches Treiben. Nach dem Bahnhof Mainz-Kastel erreichen wir beim Restaurant Bastion von Schönborn und dem **Kasteler Strand (P 8)** das Rheinufer und können den großartigen Blick auf Mainz genießen.

Heidenmauer und Römertor

Kasteler Strand

Schloss Biebrich

Fahrt über Land

Schiersteiner Hafen

Für Ortsfremde ist es irritierend, dass Mainz-Kastel ein Stadtteil von Wiesbaden und nicht von Mainz ist. Nach dem 2. Weltkrieg verlief die Grenze der Besatzungszonen durch den Rhein und aus den rechtsrheinischen Mainzer Stadtteilen wurden Stadtteile von Wiesbaden, ohne dass deren Name geändert wurde. Vor uns liegt ein herrlicher Streckenabschnitt entlang des Rheins mit Blick auf die vorgelagerte Petersaue, ehe der Radweg in Amöneburg weniger romantisch durch ein Industriegebiet führt. Zurück am Fluss erreichen wir **Schloss Biebrich (P 9)**. Angesichts des prächtigen, dreiflügeligen Barockbaus ist es kaum zu glauben, dass der Ursprung des Schlosses auf ein Gartenhäuschen zurückgeht.

P9
45.2 km
3^{h} 45^{min}

Der herrliche Schlosspark ist einen Abstecher wert, bevor wir nach der Schiersteiner Brücke zum **Schiersteiner Hafen (P 10)** gelangen. Der Blick von der Hafenpromenade, der „Schiersteiner Riviera“, auf den Yacht- und Sportboothafen weckt mediterrane Gefühle. Nach einer Verschnaufpause am Hafenbecken verlassen wir Vater Rhein und fahren am Ortsrand von Schierstein entlang.

P10
48.1 km
4^{h}

Nach einem Schwenk zum Bahnhof Wiesbaden-Schierstein führt der Radachter in Richtung Taunus aus der Stadt heraus. Besonders schön ist die Fahrt nach Frauenstein während der Kirschblüte im Frühling. Die Süßkirschenernte dauert in der Regel von Ende Mai bis Ende Juli. Sorten wie Rotters Braune Riesen oder Sweetheart gibt es am Straßenrand oder direkt bei den Obsthöfen zu kaufen.

Einen besonders schönen Weingarten bietet das Winzerrestaurant „Kapellchen“ am Ortsrand von Frauenstein. Nach der Verschnaufpause führt der Radweg in einer Schleife durch den Ort, der von der 1184 errichteten Burg Frauenstein überragt wird. Anschließend strampeln wir zu dem herrlich gelegenen Weingut Hof Nürnberg. Der Rundumblick auf die Rheinebene und den Rheingau ist fantastisch. Zu den illustren Gästen des Ausflugslokals zählt auch Johann Wolfgang von Goethe, der 1815 hier weilte. Wem ein Steilanstieg nichts ausmacht, kämpft sich hinauf zum **Goethestein (P 11)**, der zum Gedenken an den Aufenthalt des berühmten Dichters errichtet wurde.

Schloss Freudenberg

Marktkirche

P12
58.8 km
4h 55min

Vorbei an Kirschgärten geht es weiter nach Freudenberg, wo der Abstecher zu **Schloss Freudenberg (P 12)** wärmstens zu empfehlen ist. Man sollte jedoch für das Mitmachmuseum im Schloss und in der Parkanlage genug Zeit einplanen. Der Ort bietet an über 100 Stationen Sinneserfahrungen zu Naturphänomenen wie Schwerkraft, Licht, Finsternis, Klang oder Resonanz. Anschließend durchqueren wir die Stadtrandsiedlung Sauerland und kommen am Wirtshaus Straßenmühle vorbei. Nach dem Bundeskriminalamt führt der Radachter durch das Dichterviertel, ein Quartier, das um die Wende zum 20. Jhd. im Stil des Historismus entstand. Der Name beruht auf den Straßennamen, die nach Dichtern benannt sind.

Nächstes Ziel ist der aus rotem Sandstein erbaute Hauptbahnhof. Durch die Anlage als Kopfbahnhof ersparte man Kurgästen das Treppensteigen. Nach dem Hauptbahnhof führt der Radachter in einer Schleife an Markt- und Schlossplatz vorbei. Mit der Marktkirche und dem Stadtschloss Wiesbaden, dem Sitz des Hessischen Landtags, können wir zwei Top-Sehenswürdigkeiten bewundern, ehe die Tour am **Hessischen Staatstheater Wiesbaden (P 1/Ziel)** endet. Wir befinden uns nun im Zentrum von Wiesbaden mit all seinen Geschäften und der vielfältigen Gastronomie. Wie wäre es zum Abschluss mit einem kleinen Stadtbummel?

Wirtshaus Straßenmühle

Kurhaus Wiesbaden

Fazit

Unbedingt fahren! Die zwei Schleifen des Radachters führen zu den schönsten Flecken Wiesbadens. Dabei erleben wir sowohl ländliche Idylle wie auch den Kurstadtflair und die Eleganz der Landeshauptstadt. Die Tour lebt von ihrer Vielfalt und bietet viele Entdeckungen.

TourTipps

- Tourist-Info Wiesbaden, Marktplatz 1, 65183 Wiesbaden, 0611/1729930, ww.tourismus.wiesbaden.de

- Raffaeles, An der Stadtmauer 4, 65191 Wiesbaden, 0611/5410121, www.raffaeles.de
- P4 Jagdschloss Fasanerie, Wilfried-Ries-Straße 20, 65195 Wiesbaden
- Bierstadter Goldgarten, Hofstraße 1, 65191 Wiesbaden-Bierstadt
- P7 Domäne Mechtildshausen (Hofküche + Café), Mechtildshausen 1, 65205 WI-Erbenheim, 0611/7374-691 & 0611/7374-656, www.domaene-mechtildshausen.de
- P8 Bastion von Schönborn mit Kasteler Strand, Rheinufer 12, 55252 Mainz-Kastel, 06134/210860, www.bastion-von-schoenborn.de
- P9 Schloss Restaurant im Biebricher Schloss, Rheingaustraße 140, 65203 Wiesbaden, 0611/72474777, www.schlossbiebrich-restaurant.de
- Rheinlounge Schiersteiner Hafen, Hafenweg 7, 65201 Wiesbaden, 0171/2307773, www.rheinlounge.com
- Arche Noah, Hafenstraße 2, 65201 Wiesbaden, 0611/21754, www.arche-noah-restaurant.de
- Zum Kapellchen, Quellbornstraße 95, 65201 Wiesbaden-Frauenstein, 0611/41189912, www.zum-kapellchen-gastronomie.de
- P11 Hof Nürnberg Gaststätte und Weingut, 65201 Wiesbaden-Frauenstein, 0611/421626, www.hof-nuernberg.de
- P12 Schloss Freudenberg mit Schloss-Café und Waldkiosk, Freudenbergstraße 224-226, 65201 Wiesbaden, 0611/4110141, www.schlossfreudenberg.de
- Wirtshaus Straßenmühle, Straßenmühlweg 4, 65199 Wiesbaden, 0611/73286611, www.wirtshaus-strassenmuehle.com
- hugo & tilda, Niederwaldstraße 10, 65187 Wiesbaden, 0611/98817475, www.hugo-tilda.de

- „Der Radler" im Hbf an Gleis 11, Bahnhofsplatz 1, 65189 Wiesbaden, 0611/98819555, www.der-radler-wiesbaden.de
- All Mountains, Dostojewskistraße 13, 65187 Wiesbaden, 0611/17463660, www.allmountains-wiesbaden.de
- Die Radwerkstatt, Oranienstraße 2, 65185 Wiesbaden, 0611/45047697, www.die-radwerkstatt.de

- Opelbad, Neroberg 2, 65193 Wiesbaden, 0611/17464990, www.mattiaqua.de

Tour Code: **BT916X1** (www.wander-touren.com)

Direkt zum Startpunkt mit scan to go®

EINFACH HIMMLISCH GEFÜHRT

Besitzer von GPS-Navigationsgeräten (Outdoor-Geräte oder Smartphones) kommen nie vom Weg ab und wissen immer, wo sie gerade sind: In allen Rad- und Wanderführern des ideemedia-Verlags finden Sie die Rad-, Wander- und Erlebnisrouten für Outdoor-Navigationsgeräte. Die Touren liegen im weit verbreiteten *gpx-Format vor.

Mit dem kostenlosen Programm BaseCamp von Garmin ist es möglich, die Tracks anzusehen, zu bearbeiten und direkt auf Garmin-Geräte zu laden. Dieses Programm kann auch ohne die zusätzlich zu kaufende Karte eingesetzt werden, bietet dann aber nur eine globale Karte ohne Details. BaseCamp läuft zudem auch auf Apple Computern. Alle anderen Hersteller von Outdoor-GPS-Geräten bieten ebenfalls kostenlose Programme an. Allerdings müssen Sie meistens auch eine digitale Karte erwerben, um den Track am PC und auf Outdoor-Geräten auf der Karte zu sehen. Für PC-Nutzer ist zudem die Software MagicMaps Tour Explorer empfehlenswert. In OpenStreetMaps oder Google Maps können die Daten mit Hilfe eines GPX Viewer angezeigt werden. Diese Kartenansicht können Sie für unterwegs zum persönlichen Gebrauch ausdrucken.

DIREKT ZUM PREMIUM-TRACK: SO FUNKTIONIERT ES

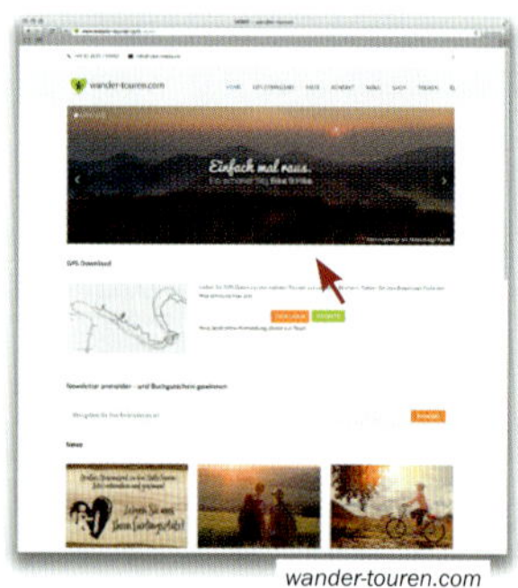

wander-touren.com

Zum Download der Routen benötigen Sie entsprechende Tour-Codes. Diese finden Sie jeweils am Ende der einzelnen Kapitel unter den TourTipps. Auf der Internetseite www.wander-touren.com geben Sie den Code ein. Eine gesonderte Anmeldung ist nicht erforderlich. Sie bestätigen mit der Downloadanfrage, dass Sie im Besitz des entsprechenden Buches (Print oder elektronisch) sind. Wenn Sie per Mail über Updates informiert werden möchten, melden Sie sich bitte unter www.wander-touren.com zum Newsletter an.

Sollte der eingesetzte Internet-Browser aus Sicherheitsgründen den Datendownload blockieren, lassen sich die Sicherheitseinstellungen vorübergehend verringern. Alternativ klicken Sie mit der rechten Maustaste auf den Button „Tour laden“ bzw. „Datei downloaden“ und öffnen ein neues Fenster (neuer Tab) zum Download.

GPX-DATEN AUF OUTDOOR-NAVIS LADEN

Als Buchbesitzer können Sie die Daten als Datei im weit verbreiteten *gpx-Format als Einzeltour laden und danach auf Ihrem PC ablegen. In einzelnen Fällen können die Daten hinter den Codes auch gebündelt als *.zip-Datei verpackt vorliegen, die Sie vor der weiteren Verwendung entpacken müssen.

Als Nächstes müssen Sie die heruntergeladene Tour auf Ihr Navigationsgerät übertragen. Für die meisten GPS-Outdoor-Geräte ziehen Sie einfach den Track von Ihrem Desktop nach Verbinden des GPS-Geräts mit dem Computer in das GPS-Verzeichnis Ihres Outdoor-Geräts, das Sie als Laufwerk auf dem Desktop sehen. Sollte Ihr GPS-Gerät ein besonderes Format verlangen, können Sie den Track mit der Software RouteConverter in fast jedes Format konvertieren. RouteConverter ist ein kostenloses GPS-Werkzeug, um Routen, Tracks und Wegpunkte anzuzeigen, zu bearbeiten und zu konvertieren. Es läuft sowohl auf PC als auch auf Apple Computern. Zur Übertragung der Tour-Daten können Sie auch die Ihrem Kartenprogramm oder Navigationsgerät beigelegte Software nutzen. Bei Problemen mit der Übertragung der Daten auf Ihr Navigationssystem wenden Sie sich bitte an den Hersteller.

ALLGEMEINE HINWEISE

Alle Daten wurden auf Fehlerfreiheit geprüft und werden bei Änderungen der Wegführung nach Verfügbarkeit aktualisiert. ideemedia übernimmt keine Haftung für mögliche Abweichungen, Vollständigkeit, Verfügbarkeit und Einsatz auf allen Navigations-Modellen. Sollte ein Gerät das Laden von *.gpx-Daten nicht ermöglichen, so wenden Sie sich in diesem Fall bitte an den Hersteller. Die Nutzung der Tour-Downloads ist nur Buchbesitzern zur privaten Verwendung gestattet, eine Weitergabe an Dritte sowie das Vervielfältigen auf Datenträgern jeder Art ist untersagt. Kommerzielle Nutzung ist nur nach schriftlicher Vereinbarung mit ideemedia gestattet. Idee, Konzeption und Daten sind urheberrechtlich geschützt. Die Daten enthalten einen Sicherheitscode und werden bis zu 36 Monate nach Ausgabetermin des Buches zur Verfügung gestellt. Eine Vervielfältigung zur Verteilung oder Verlinkung ist strikt untersagt und kann bei Missbrauch zu Schadenersatzforderungen führen.

PREMIUM-GPS: WAS IST DAS?

Im Gegensatz zu vielen anderen Anbietern im Print- und Online-Bereich greifen wir nicht auf die Standard-Daten von kostenlosen Internetportalen, privaten oder öffentlichen Anbietern zurück, sondern ermitteln die Daten vor Ort und aktualisieren diese im Regelfall, wenn uns gravierende Änderungen bekannt werden. Die Arbeit ist aufwendig und kostenintensiv, daher bitten wir um Verständnis, dass wir diese aufbereiteten Daten in vollem Umfang nur unseren Kunden zur Verfügung stellen.

GPS-DATEN VERARBEITEN: NICHT OHNE ÜBUNG

Trotz enormer Fortschritte in der Gerätebedienung ist es für Laien nicht völlig unkompliziert, die Daten richtig nutzen zu können. Da es sich bei den *.gpx-Daten um ein kostenfreies Zusatzangebot zu unseren Printprodukten handelt, können wir keine Unterstützung für GPS-Geräte, GPS-Software oder Kartengrundlagen leisten. Bitte wenden Sie sich dazu an Ihren Hersteller oder Lieferanten und arbeiten Sie sich gründlich in die Möglichkeiten der GPS-Nutzung ein. Verlassen Sie sich auch bei Ihren Touren nicht ausschließlich auf Ihr GPS-Gerät, Empfangsprobleme, Batterie- oder Softwareprobleme sind nicht unbekannt. Zudem könnten Sie Ihr Gerät unterwegs verlieren. Wir empfehlen deshalb aus Erfahrung die zusätzliche Mitnahme von Buch und Karten.

GPS FÜR SMARTPHONES

*.gpx-Daten auf ein Smartphone zu laden, funktioniert mit mehreren Apps sowohl für iPhones als auch für Android-Geräte. Unser Tipp: Testen Sie verschiedene Apps und prüfen Sie, mit welcher Software Ihr Gerät fehlerfrei arbeitet. Probleme kann es geben, wenn unterwegs Daten geladen werden müssen. Von Netzproblemen abgesehen, kann das zu hohen Kosten führen.

Eine ausführliche Erklärung zur Verwendung von unseren *.gpx-Daten auf einem Smartphone finden Sie unter: **www.wander-touren.com**. In der folgenden Kurzanleitung werden der Download und die Verabeitung unserer*.gpx-Daten auf einem iPhone 13 (IOS 16.3.1) unter der Verwendung der kostenlosen App „Komoot“ dargestellt. Andere Geräte, Betriebssysteme oder Apps können davon abweichen, das Prinzip bleibt dabei jedoch ähnlich.

Tourcode auf „www.wander-touren.com“ eingeben und den *.gpx-Track downloaden. Der Code befindet sich am Ende des jeweiligen Kapitels **(Schritte 1-4)**.

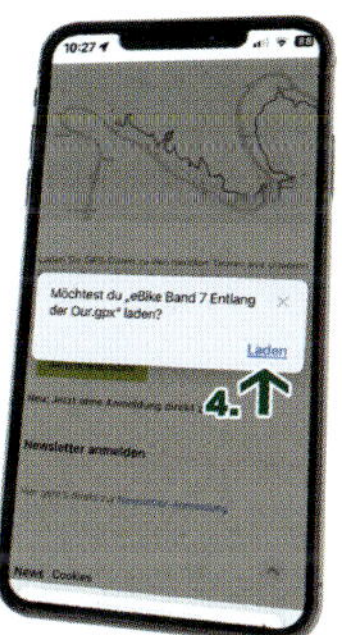

Die Datei wird in der Regel im Download-Ordner abgelegt. Durch Tippen auf den Pfiel in der Brwoser-Leiste dorthin navigieren **(Schritt 5-6)**. Alternativ über das lokale Datenverwaltungssystem (bei iPhones die Apple-eigene App „Dateien“) die Downloads öffnen und die Datei suchen.

Anschließend durch langes Drücken auf das Icon/die Datei das Menü öffnen und die Option Teilen auswählen **(Schritt 7-8)**. Neben den Möglichkeiten „via Mail“ oder „Nachricht“ findet man weiter rechts (über die Symbole wischen) auf dem Gerät installierte Apps, die zum Öffnen kompatibel sind. Durch Tippen auf das Symbol öffnet sich die App und beginnt mit dem Import des Tracks **(Schritt 9)**.

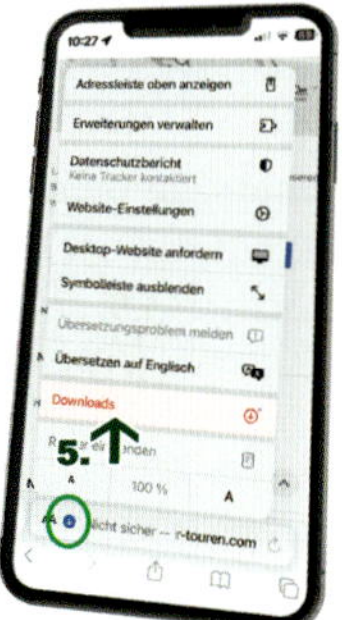

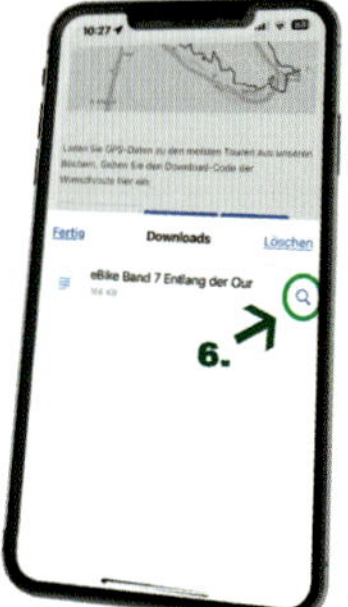

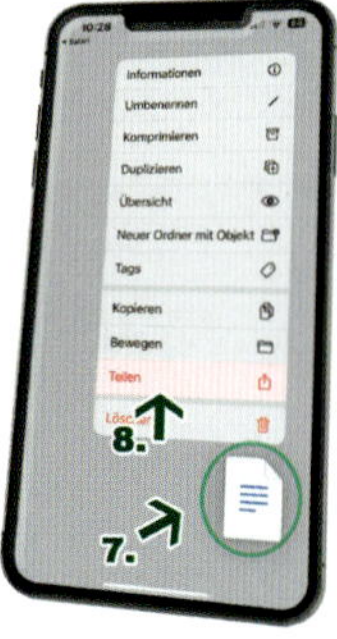

Da unsere Daten viele zusätzliche Punkte und Abstecher haben, muss die korrekte Darstellung ausgewählt werden **(Schritt 10)**. „Komoot“ gibt anschließend die Option, den Track an bekannte Wege anzupassen. Da unsere Daten vom Autor erfasst und laufend aktualisiert werden, empfehlen wir den Originalverlauf beizubehalten **(Schritt 11)**. Die Route kann nun als zukünftige Tour gespeichert und anschließend auf der Karte angezeigt werden.

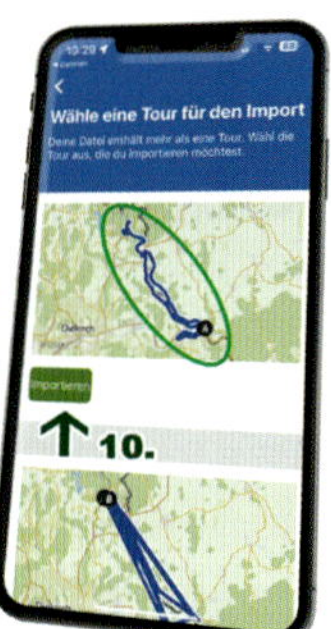

Prüfen Sie vor Antritt der Tour, ob die Daten korrekt angezeigt werden und Sie die Routenführung starten können. Vergleichen sie die Darstellung zur Sicherheit mit der Karte im Buch, um Fehler beim Verarbeiten oder in der App auszuschließen.

TRAUMHAFT WANDERN

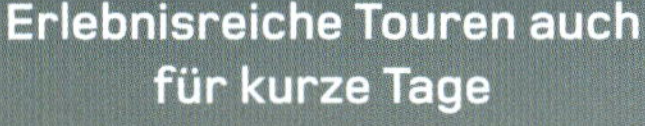

An Rhein, Nahe, Mosel und Saar zwischen 2 und 6 Kilometern

2 x 12 Premium-Spazierwanderwege

je 12,90 €

Band 1: 978-3-942779-63-0
Band 2: 978-3-942779-66-1

ideemediashop.de

A

B

D

E

F

S

T

U

V

W

Y

Z

Alle Traumtouren-Bände auf einen Blick

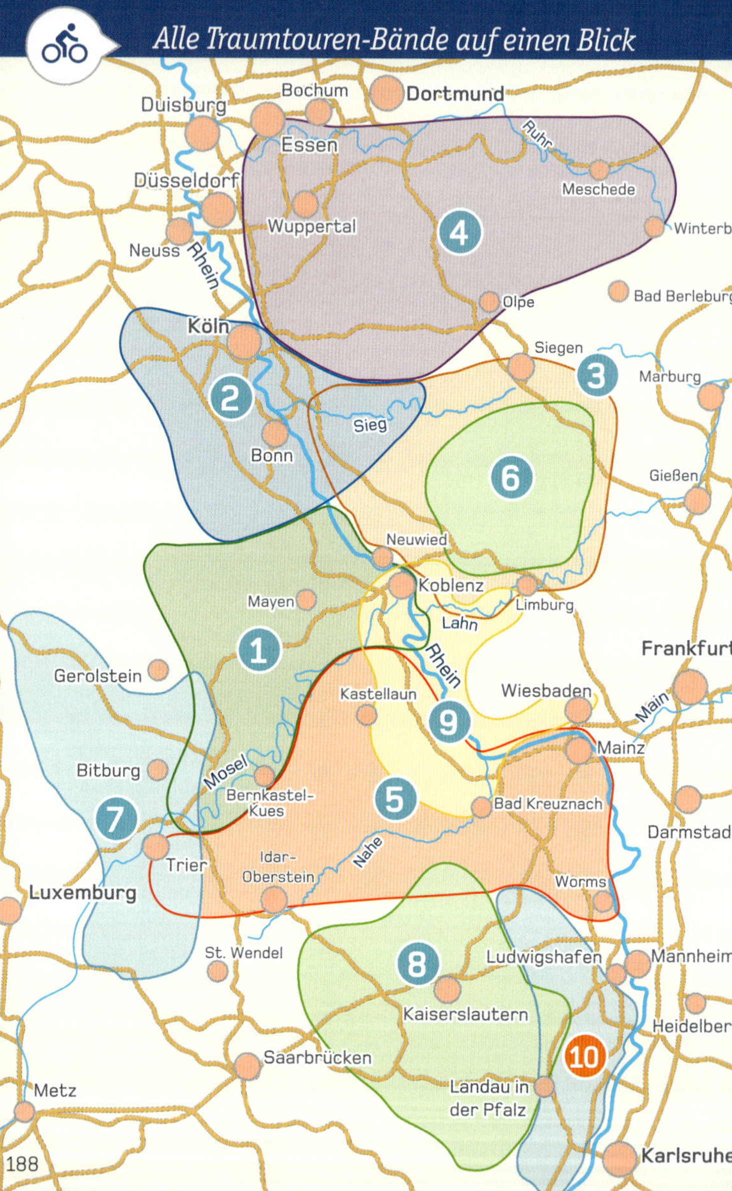

traumtouren 1

Rhein. Mosel. Eifel

traumtouren 6

Westerwald

traumtouren 2

Rheinland SÜD

traumtouren 7

Eifel. Mosel. Saar

traumtouren 3

Sieg. Westerwald. Lahn

traumtouren 8

Pfalz WEST

traumtouren 4

Bergisches Land.
Ruhr. Sauerland

traumtouren 9

Mittelrheintal. Rheingau

traumtouren 5

Hunsrück. Nahe. Rheinhessen

traumtouren 10

Pfalz OST

Touren und Varianten

	Tourname	km	ø12km/h	Hm	Anspruch
1	Mittelrhein-Mosel-Runde	53,5	4h 30min	725	🚲🚲🚲🚲
2	Mittelrhein-Westerwald-Lahn	42,1	3h 30min	595	🚲🚲🚲
	Variante Seilbahn	44,8	3h 45min	570/690	🚲🚲🚲
3	Welterbetour 1	51,9	4h 20min	355	🚲🚲
	Variante kurz	40,6	3h 25min	230	🚲🚲
4	Panoramatour Bopparder Hamm	30,6	2h 35min	795	🚲🚲🚲🚲
	Variante Seilbahn	28,2	2h 20min	525/735	🚲🚲🚲
5	Loreley-Aar-Lahn-Rheinradweg	139,9	11h 40min	1.925	🚲🚲🚲🚲🚲
	Variante Tagestour	54,9	4h 35min	1.145/1.100	🚲🚲🚲🚲🚲
6	Mittelrhein-Hunsrück-Tour 1	64,1	5h 20min	1.025	🚲🚲🚲🚲
	Variante kurz	45,3	3h 45min	485/870	🚲🚲🚲
7	Loreley-Loop	38,2	3h 10min	1.110	🚲🚲🚲🚲
	Variante kurz	18,6	1h 35min	560	🚲🚲🚲
8	Mittelrhein-Hunsrück-Tour 2	88,5	7h 25min	1.215	🚲🚲🚲🚲🚲
	Variante kurz	35,4	2h 55min	660	🚲🚲🚲

	Touren & Varianten	km	ø12km/h	Hm	Anspruch
9	Flaschenhals-Runde	44,4	3h 40min	1.085	🚲🚲🚲🚲
	Variante kurz	26,2	2h 10min	330	🚲🚲
10	Welterbetour 2	40,3	3h 20min	215	🚲🚲
	Variante kurz	25,7	2h 10min	120	🚲
11	Mittelrhein-Soonwald-Runde	82,0	6h 50min	1.605	🚲🚲🚲🚲🚲
	Variante kurz	32,4	2h 40min	830	🚲🚲🚲🚲
12	Bingen-Loop	37,8	3h 10min	785	🚲🚲🚲
	Variante kurz	19,0	1h 35min	540	🚲🚲🚲
13	Rüdesheim-Schleife	28,4	2h 20min	765	🚲🚲🚲
14	Leinpfad-Runde	66,6	5h 35min	185	🚲🚲🚲
	Variante kurz	19,9	1h 40min	55	🚲
15	Rheingau Eroica	45,2	3h 45min	755	🚲🚲🚲🚲
	Variante kurz	35,9	3h	525	🚲🚲🚲
16	Radachter Wiesbaden	66,6	5h 35min	865	🚲🚲🚲🚲
	Variante Nord	21,5	1h 50min	435	🚲🚲🚲
	Variante Süd	45,2	3h 45min	430	🚲🚲🚲

Impressum

Herausgeber: Uwe Schöllkopf (ideemedia GmbH)
Autor: Hartmut Schönhöfer
Konzept & Redaktion: Uwe Schöllkopf
Grafik/DTP/Produktion: Dominik Lamberti
Karten & Höhenprofile: Dominik Lamberti | ideemedia GmbH

Verlag: ideemedia GmbH, Im Aubisch 1b, D-56567 Neuwied
Telefon: 02631/9996-0 • Telefax: 02631/9996-55 • E-Mail: info@idee-media.de
Internet: www.ideemediashop.de • www.wander-touren.com

Alle Angaben wurden nach bestem Wissen recherchiert und sorgfältig überprüft. Sollten sich dennoch Fehler eingeschlichen haben, bitten wir um Entschuldigung und Benachrichtigung. Für Fehler übernimmt der Verlag keine Haftung. Aktuelle Änderungen, Downloads und Updates zum Buch finden Sie unter www.wander-touren.com.

Die Deutsche Bibliothek – CIP – Einheitsaufnahme: ISBN 978-3-942779-79-1
Titelbild: Hartmut Schönhöfer
Fotos: Hartmut Schönhöfer

Autor

Hartmut Schönhöfer, Jahrgang 1964, ist in Coburg geboren und aufgewachsen. Berufliche Stationen als Marketing- und Handelsmanager führten den Diplom-Kaufmann quer durch Deutschland. Seit mehreren Jahren arbeitet der begeisterte Radfahrer mit Wohnsitz Bad Neuenahr-Ahrweiler als Autor und verbindet mit dem Schreiben von Radführern seine Leidenschaften für das Fotografieren, Reisen und Fahrradfahren.